SIX MOIS

DE

DRAPEAU ROUGE

A LYON

LYON. — IMPRIMERIE PITRAT AÎNÉ, RUE GENTIL, 4.

SIX MOIS

DE

DRAPEAU ROUGE

A LYON

PRÉCÉDÉ

D'UNE LETTRE DE M. A. DE PONTMARTIN

QUATRIÈME ÉDITION AUGMENTÉE

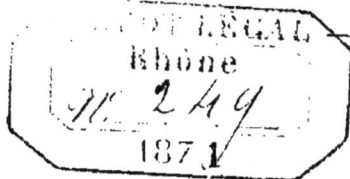

LYON

P. N. JOSSERAND, LIBRAIRE-ÉDITEUR

3, PLACE BELLECOUR, 3

Juillet 1871

LETTRE

DE

M. A. DE PONTMARTIN

Un de mes amis, parfaitement posé pour tout voir et tout savoir, m'écrivait récemment à propos d'une de ces innombrables énormités qui vont peu à peu grossir le dossier des hommes du 4 septembre :

« N'y a-t-il pas, dans quelque coin de la République, un Tacite caché qui taille sa plume pour écrire l'histoire de 1870-1871 ? »

Si ce Tacite existe ou doit exister un jour, si cette histoire vengeresse doit sortir, un flambeau à la main, du milieu de nos ruines, il sied dès à présent de lui préparer des matériaux et des documents. Je n'en connais pas de plus saisissant et de plus instructif que ce petit livre : *Six mois de drapeau rouge à Lyon*. Ce simple procès-verbal a toute l'éloquence d'un réquisitoire. Tour à tour indigné et railleur,

1

tragique et ironique comme les épisodes qu'il raconte, il reproduit avec une vérité photographique cette série d'incidents odieux, stupides, grotesques, sinistres, niais, infâmes, sur lesquels plane, du haut de l'Hôtel de Ville lyonnais, le hideux drapeau de l'anarchie et du crime, pareil à un oiseau de proie teint en rouge par des mains de tricoteuses et d'assassins. C'est une sorte de cohue sheakspearienne, une bouffonnerie mélodramatique où le cri de colère s'éteint dans l'éclat de rire, où le meurtrier a les allures titubantes de l'ivrogne, où le pillage s'achève dans l'orgie, où le sacrilége passe par l'église pour arriver à la cave, où l'on a l'air de chercher des fusils pour trouver des bouteilles, où l'œil le moins sévère chercherait vainement une idée politique, une lueur de patriotisme, un souci quelconque des intérêts du peuple et du pauvre, un élan de tendresse pour la liberté et l'égalité, une ombre de dévouements à ces utopies séduisantes qui masquent les plus grossières convoitises. Non, on boit, on mange, on crie ; on emprisonne les Religieux, les magistrats et les prêtres ; on expulse les Frères de la Doctrine chrétienne ; on décrète l'athéisme en style de sauvage abruti par l'alcool, on rit au nez des pères de famille, on fait mourir de douleur et de faim des malades et des vieillards ; on profane les cercueils, on dépasse, en arbitraire, tout ce que l'Empire avait inventé de plus monstrueux ; un dérisoire semblant de dé-

fense nationale, qui se fût évanoui à l'apparition du premier
uhlan, sert de prétexte à des actes de barbarie, de férocité,
de démence, dont le moindre eût suffi à assurer d'avance le
triomphe des Prussiens.

C'est la démagogie en pleine ripaille, sans foi, sans loi,
sans frein, le blasphème à la bouche, l'œil injecté, le sabre
au poing, crachant sur tous les objets de notre respect et de
notre culte, se pourléchant avant de dévorer. Ce sont les
noces de Gamache de la populace, les saturnales de la ca-
naille pour faire suite aux saturnales prétoriennes. Dans
cette ronde du Sabbat révolutionnaire, les noms mêmes
sont ridicules comme le langage. On dirait qu'ils sortent
d'un atelier charivarique avec un casque de papier et un
poignard de fer blanc. Ces gens-là s'appellent Cheval, Chepié, Chaverot, Saigne, Brialou, Crestin. Ils invoquent
Marat, et ils relèvent de Guignol ; ils appellent Robespierre,
et c'est Jocrisse qui répond. Danton les prendrait tous dans
une de ses larges mains et les jetterait en pâture à la parodie ou au vaudeville. Ils ont travaillé six mois à être terri-
bles ; et ils n'ont pas même réussi à égaler feu Jérôme Cot-
ton.

Pourtant restons sérieux. Évitons de céder à ce dangereux penchant des esprits cultivés, lesquels, en présence
des paroxysmes de la bêtise et de la perversité humaines,
croient se dédommager à l'aide d'une épigramme ou d'une

malice. Si la plupart de ces scènes, si bien racontées par
M. J. Guetton, où le citoyen Deloche, le *collectiveur*, rivalise
de barbarismes avec le citoyen Rivière, prêtent à la moque-
rie, elles ne sont pas gaies. Sous ces dehors fantaisistes, qui
font croire parfois à un cauchemar de Scarron dessiné par
Daumier, se cachent d'immenses ravages, une sape 'sou-
terraine qui date de plus loin que du 4 septembre, et qui, un
moment retardée par les élections du 8 février, a repris sa
marche destructive. N'oublions pas que le *général* Cluseret,
un des héros de la journée lyonnaise du 28 septembre, est
le même Cluseret qui a organisé, à Paris, l'armée de
l'émeute et tenu tête aux troupes de Versailles. N'oublions
pas qu'au-dessus des Deloche, des Rivière, des Brialou,
des Chepié, des Chaverot et autres queues-rouges empa-
quetées dans le drapeau rouge, nos regards rencontrent
quelques personnages moins burlesques et plus coupables
que le gouvernement n'a pas encore reniés, dont les collègues trônent encore à côté de M. Thiers.

Gambetta entre autres, Gambetta, le grand homme en
baudruche, dont la faconde, le patriotisme, le courage, les
services, le génie se sont assimilés, par une prédestination
fatale, au ballon qui fut le premier symbole et le premier
messager de sa dictature; Gambetta, le plus malfaisant et
le plus funeste des hommes du 4 septembre, dont il restera
le type au pilori de l'histoire; car il a abusé d'une sorte de

prestige que nous lui avions laissé prendre, pour envenimer d'avance, par une surexcitation fébrile, les humiliations et les douleurs de la défaite ; Mirabeau manqué, Carnot avorté, caricature de Danton ; organisateur emphatique de la désorganisation et du désordre ; porte-voix de fantastiques victoires dont les lendemains étaient autant d'angoisses et de mécomtpes ; entouré d'un état-major qui a trouvé moyen de faire argent de l'agonie de la France ; se laissant tromper par des intendances et des fournisseurs dont les dilapidations scandaleuses ont été pour beaucoup dans les souffrances et les désastres de nos troupes, tel enfin qu'il paraît avoir été créé pour achever l'œuvre destructive de l'Empire et préparer le règne hideux de la Commune.

Après lui, vient son digne préfet Challemel-Lacour, que j'ai connu en 1866, *gratte-papiers* à la *Revue des Deux-Mondes*, chargé d'éconduire poliment les auteurs dont on refusait les manuscrits ; malingre, râpé, besoigneux, fruit sec de la littérature et du journalisme, couvant déjà d'effroyables haines contre la religion, contre les riches, les conservateurs et les prêtres, fait exprès pour s'associer, par une complicité pusillanime et sournoise, à tous les attentats que retrace l'auteur de *Six mois de drapeau rouge ;* drapeau rouge que ni lui, ni son patron Gambetta n'eurent le courage de fouler aux pieds quand ils présidèrent les obsèques *purement civiles* du malheureux commandant Arnaud. Au fond, ce drapeau ne leur déplaisait pas : chacun de ces deux hommes le reconnaissait pour le sien.

N'oublions rien, et pour mieux nous prémunir contre l'oubli, recommandons à tous nos amis cette lecture qui nous a tour à tour émus, indignés, exaspérés,— et amusés. Remercions et félicitons l'auteur, publiciste courageux, spirituel et éloquent. Il a parfaitement saisi la gamme qui convenait à ce récit où il fallait, sous peine d'amoindrir l'effet général, passer du sévère au plaisant. Il sait redevenir grave et sévère, quand le sujet l'exige. Mais, en maint endroit, il a compris que Corneille et Juvénal devaient être suppléés par Aristophane. Cet intrépide petit volume, témoin de ce qu'il met en scène, mérite tout le succès qu'il obtient.

Arrivé déjà à sa quatrième édition, il fera son tour de France..... Hélas ! y a-t-il en France une seule ville qui puisse dire à ces *Six mois de drapeau rouge :* Passez votre chemin, je ne vous connais pas ! — un seul département qui n'ait subi une éclaboussure de cette boue, un contrecoup de cette secousse, un lambeau de cet étendard de désordre et de ruine, de scélératesse et de honte ?

A. DE PONTMARTIN.

L'AUTEUR AU LECTEUR

Ce livre est un livre de faits et rien que de faits ; pas ou presque pas de réflexions : nous avons voulu laisser ce soin au lecteur.

Quelques-uns de ces faits sont déjà connus ; beaucoup ne le sont pas. Nous pouvons certifier la parfaite exactitude des uns comme des autres, ayant été nous-même témoin de la plupart des événements que nous avons rassemblés dans ce volume.

C'est, en quelque sorte, un dossier, dossier de six mois de République à Lyon, que nous présentons aujourd'hui au public.

Que chaque grande ville de France fournisse, de son côté, le dossier des prouesses dont elle aura été le théâtre pendant les six mois qui viennent de s'écouler.

De cette manière, le procès sera bientôt instruit : la France n'aura qu'à prononcer le verdict.

JOANNÈS GUETTON.

SIX MOIS

DE

DRAPEAU ROUGE

A LYON

I

LE 4 SEPTEMBRE 1870

Le dimanche, 4 septembre, vers sept heures et demie du matin, l'affiche annonçant la catastrophe de Sedan était déjà apposée sur quelques murs. En un instant, la nouvelle fit le tour de Lyon.

Aussitôt des groupes commencent à se former sur la place des Terreaux ; la foule grossit à vue d'œil. A huit heures et demie, quelques individus parviennent à se glisser dans la cour de l'Hôtel de Ville. Le poste, composé de huit hommes d'infanterie, prend les armes et se présente sur le perron.

On demande le préfet, on réclame des armes. Le préfet, M. Sencier, apparaît au balcon de l'Hôtel de Ville ; il an-

nonce qu'une commission va être aussitôt nommée et chargée de distribuer les armes dont on dispose.

L'effervescence augmente. Par la rue Romarin débouche
une troupe d'individus portant un petit drapeau rouge.
On entend, sur plusieurs points, des cris de : *Vive la République !*

Un rassemblement d'une centaine de personnes par-
court la rue Impériale, se dirigeant vers la préfecture et
chantant la *Marseillaise*.

Vers dix heures, la foule, qui n'a pas cessé de grossir,
force l'entrée de l'Hôtel de Ville. Au bout de quelques·
instants, le tocsin sonne. Un citoyen escalade le beffroi
pour détrôner le drapeau tricolore. Il ne lui est pas possible
d'y parvenir : il s'en dédommage en plaçant une loque
rouge à l'un des œils-de-bœuf du beffroi.

Un second citoyen, plus heureux, parvient à descendre
le drapeau tricolore, dont on enlève les deux couleurs
blanche et bleue pour ne laisser subsister que le morceau
rouge, qui apparaît enfin et flotte au sommet de la préfecture.

Le Drapeau Rouge !

Le grand balcon, au-dessus de la porte d'honneur de
l'Hôtel de Ville, est envahi par trente ou quarante citoyens
qui, tous à la fois, déclarent l'Empire déchu et la République proclamée. Les acclamations de la foule leur répondent. De nombreuses cocardes rouges commencent à
fleurir aux boutonnières des habits.

Cependant, les trente ou quarante envahisseurs de

l'Hôtel de Ville se sont constitués en comité. L'affiche suivante est lancée par eux dans Lyon.

RÉPUBLIQUE FRANÇAISE

COMMUNE DE LYON

Les malheurs de la patrie nous dictent notre devoir. Nous décrétons immédiatement l'armement de la Nation, la déchéance de l'Empire et la proclamation de la RÉPUBLIQUE.

Lyon, le 4 septembre 1870.

Le Comité provisoire de salut public :

CH. BEAUVOIR, CORDELET, L. CHAVEROT, MOUSSY, EM. VOLLOT, REIGNIER, GROS, GRIFFE, TARRE, SOUBRAT, BONNET, FOURNIER, LOMBRAIL.

Chacun se demandait d'où sortaient ces noms, tous plus obscurs les uns que les autres.

Pendant ce temps, une vieille effigie en bois de la République, datant de 1848, est déterrée d'une cave de l'Hôtel de Ville et placée sur le balcon qui regarde la place des Terreaux.

Le buste de l'Empereur est brisé ; on en jette les débris à la foule qui se les arrache.

L'émotion croît de minute en minute.

Des détachements de troupes arrivent. Le 6ᵉ hussards vient se masser sur la place des Terreaux. Le 52ᵉ de ligne occupe l'entrée de la rue de l'Impératrice. Des lanciers débouchent au grand trot par la place des Cordeliers et remontent la rue Impériale.

Vive la République! Vive l'armée! crie la foule. *Vive
la République !* répond la troupe. Les cavaliers rengaî-
nent leurs sabres ; les soldats de la ligne tournent la crosse
de leurs fusils en l'air.

C'est alors, dans la foule, une joie immense. On serre
la main aux soldats ; on leur offre à boire ; on les embrasse.

Les sergents de ville, qui, le matin encore, stationnaient
à leurs postes ordinaires, disparaissent peu à peu.

Un officier de lanciers, qui refusait de mettre son sabre
au fourreau, est désarmé par la foule, puis promené paisi-
blement à cheval.

Du haut du balcon de l'Hôtel de Ville, un orateur propose de se porter à la prison Saint-Joseph pour délivrer
les détenus politiques. La proposition est acceptée.

A la prison Saint-Joseph se trouvaient actuellement
M. Andrieux, avocat, devenu, depuis, procureur de la République, à Lyon, et condamné précédemment pour dis-
cours subversifs dans des réunions publiques ; M. Lentillon,
notaire à Thurins, condamné pour avoir provoqué, quinze
jours auparavant, à la Croix-Rousse, une émeute dans
laquelle un sergent de ville perdit la vie, etc., etc.

Une troupe de citoyens se mettent en marche dans la
direction de la prison Saint-Joseph.

Les tambours et les trompettes retentissent de tous
côtés. Dans tous les quartiers, les gardes nationaux s'organisent et se mettent en devoir d'aller quérir des armes
dans les forts. La plupart d'entre eux se dirigent vers le
fort Lamothe. Là commence un tumulte, une confusion
inexprimable.

Le fort est envahi par des hommes, des enfants ; des caisses d'armes sont découvertes et défoncées ; quelques-uns essayent d'emporter plusieurs fusils. Nous voyons des gamins de douze ans à peine, chargés de trois ou quatre chassepots. C'est un véritable pillage.

Au retour de cette chasse, la plupart des postes de la ville, occupés par la troupe, sont remis à la garde nationale.

L'Hôtel de Ville est littéralement hérissé de baïonnettes.

Le télégraphe est occupé militairement par des gardes nationaux à cocardes rouges ; on ne laisse expédier aucune dépêche. Un peu plus tard, l'interdiction est levée, mais un agent lit toutes les dépêches, par ordre du Comité de salut public.

Vers une heure de l'après-midi, la foule qui s'était portée à la prison Saint-Joseph, brise, après d'orageuses discussions avec les gardiens, les barrières de fer qui défendent l'entrée de la prison et délivre les détenus politiques.

Quelques fiacres sont réquisitionnés.

Dans le premier montent MM. Andrieux et Lentillon.

Sur le couvercle du second se placent debout, dans l'attitude d'un marbre antique, deux autres détenus.

Dans une troisième voiture, quelques *libérateurs*, agitant des trousseaux de vieilles clefs, s'écrient à la foule :

« — Plus de barrières ! Voilà les clefs ! »

Le cortége se met en marche, précédé de tambours, de trompettes et de drapeaux rouges ; il traverse la ville, en chantant, et se rend à la préfecture.

Quatre ou cinq comités y sont déjà éclos depuis tout à l'heure. Des multitudes d'affiches apparaissent à tous moments sur les murs.

Entre cinq et six heures du soir, des gardes nationaux des Brotteaux, munis de fusils, se rendent au grand séminaire sous prétexte de s'assurer qu'il ne s'y trouve pas d'armes cachées.

Pendant cette recherche, un individu, qui s'était introduit dans la maison à la suite du détachement, avait trouvé moyen de faire main-basse sur une somme d'argent assez considérable.

Pris en flagrant délit, le larron est garrotté ; on attache à son dos un écriteau sur lequel se lit, en gros caractères, ce mot : *Voleur !* Puis on le conduit du grand séminaire à la prison du Palais de Justice, au milieu de huées et de bourrades.

D'autre part, quelques individus, munis d'un ordre émanant d'un comité quelconque, se présentent le soir chez un armurier de la rue Saint-Dominique, où ils s'emparent d'une certaine quantité de fusils et de pistolets.

Rencontrés par des gardes nationaux, ils sont arrêtés et forcés de restituer ces armes à leur propriétaire.

Enfin, à neuf heures du soir, on lut au balcon de l'Hôtel de Ville la dépêche annonçant la proclamation de la République à Paris.

« C'est pourtant nous qui l'avons proclamée les premiers, la République ! » disaient, en entendant cette lecture, quelques gardes nationaux à cocardes rouges.

A Lyon, en effet, revient cet *honneur*.

Aussi, après une journée si bien remplie, chacun alla prendre un repos mérité.

C'est dans ces circonstances qu'eut lieu l'enfantement de la République à Lyon.

Tous les honnêtes gens, rassurés par la tournure pacifique du nouveau mode de gouvernement, l'acceptèrent sans arrière-pensée et même avec plaisir. On ne chicana pas sur le mandat que les nouveaux administrateurs venaient de se conférer eux-mêmes à eux-mêmes.

Certes, jamais gouvernement ne s'implanta sans rencontrer moins de résistance. On rendait ainsi à la République naissante la tâche bien facile.

On va voir de quelle façon la République reconnut cet acte de générosité.

II

LES ARRESTATIONS

Le lendemain du 4 septembre, les mêmes hommes qui la veille avaient solennellement, du haut du balcon de l'Hôtel de Ville, demandé la délivrance des frères et amis, n'eurent rien de plus pressé que de procéder à des arrestations illégales et stupides.

Dans les deux journées des 5 et 6 septembre, près de deux cents arrestations furent opérées.

On commença par les fonctionnaires administratifs, par les magistrats, par les commissaires de police, on continua par d'autres hommes que leur réputation et leur fortune désignaient à l'ignorante haine des despotes tout frais émoulus, et on finit par les prêtres.

Le préfet du Rhône, M. Sencier, fut arrêté et emprisonné.

M. Massin, procureur général, fut arrêté et emprisonné.

M. Baudrier, président de chambre à la Cour d'appel, fut arrêté et emprisonné.

M. Bérenger, avocat général, aujourd'hui député, fut arrêté et emprisonné.

M. Morin, substitut, fut arrêté et emprisonné.

MM. Cézan et Delaire, secrétaires généraux de la préfecture, furent arrêtés et emprisonnés.

M. Wyndrif, chef de division à la préfecture, fut arrêté et emprisonné.

M. Belon, membre de la commission municipale, fut arrêté et emprisonné.

M. Champagne, membre de la commission municipale, fut arrêté et emprisonné.

M. Bruneau, rapporteur habituel des budgets, put s'échapper et n'être pas emprisonné.

M. Delcourt, ancien commissaire spécial, fut arrêté et emprisonné.

Le commissaire de police de la Croix-Rousse et la plupart de ses collègues furent arrêtés et emprisonnés [1].

M. Bonnet, ingénieur de la ville, fut arrêté et relâché quatre heures après.

M. Benoît, architecte, fut arrêté et emprisonné.

Nous ne parlons pas du nombre incalculable d'autres

---

[1] Parmi eux nous ne pouvons passer sous silence deux hommes qui s'étaient conquis l'estime de toute la population honnête de Lyon : M. Galerne, capitaine des sergents de ville, et M. Cristofini, commissaire de police à Perrache, section de la rue de Jarente.

Le premier demeura 37 jours en prison, et le second 40 jours.

C'est des suites d'une maladie contractée dans cette captivité odieuse que M. Cristofini est mort, il y a quelque temps. M. Cristofini était père de famille de six enfants.

particuliers, qui, sur un simple caprice de leurs ennemis ou de leurs voisins, furent arrêtés et emprisonnés.

A tout moment, on voyait passer dans les rues, escortée de trois ou quatre voyous chargés d'énormes fusils, quelque nouvelle victime de la tyrannie nouvelle.

Et les honnêtes gens laissaient faire en rougissant tout bas.

Et un Comité de salut public, formé de tout ce qu'il y avait de plus nul, de plus inconnu, de plus *commun* dans la *Commune* de Lyon, s'était nommé, organisé, installé à l'Hôtel de Ville, où il décrétait d'accusation qui bon lui semblait, lançait affiche sur affiche et se gaudissait sur des fauteuils qu'il n'avait connus jusque-là que de nom.

Et M. Challemel-Lacour, envoyé exprès de Paris, M. Challemel-Lacour, le *vigoureux républicain*, comme disait l'affiche annonçant son arrivée, s'était également installé à l'Hôtel de Ville et se gaudissait sur les canapés et les fauteuils, pendant que toutes ces gentillesses suivaient leur cours.

Alors commença la chasse au prêtre, la chasse au Jésuite surtout.

III

LA CHASSE AU JÉSUITE

C'est le mardi, 6 septembre, qu'elle commença.

Vers deux heures de l'après-midi, quelques groupes se formaient à la porte du couvent des Pères Jésuites, situé rue Sainte-Hélène, 12, en face de la caserne de gendarmerie.

Un individu, qui, — nous l'avons su depuis, — vivait des aumônes journalières de ces Religieux, avait dénoncé ses bienfaiteurs au Comité de salut public, assurant que leur maison recelait des armes.

La patrie était en danger ! Vite on rassembla une centaine au moins de gardes nationaux et on se dirigea vers la maison suspecte. Pas un doute ne fut élevé sur la véracité des renseignements du dénonciateur : c'était des Jésuites qu'il s'agissait, des Jésuites, entendez-vous bien?

La foule, cette foule hideuse et hurlante, qu'on est toujours sûr de rencontrer au pied de la guillotine, le jour des exécutions d'apparat, la foule accompagne le détachement de la garde nationale.

On arrive. La porte du couvent, fermée par mesure de précaution, est heurtée à coups de crosses de fusils.

Le supérieur de la maison se présente.

« — Que voulez-vous ?

« — Nous venons faire une perquisition chez vous pour savoir si vous n'avez pas des armes cachées.

« — Nous n'avons pas d'armes.

« — Nous voulons entrer, quand même.

« — Faites comme il vous plaira. »

Et la cohorte envahit le couvent, se répand dans les chambres, dans la chapelle, dans la bibliothèque, partout.

Les Religieux, Pères et Frères, sont consignés dans leurs chambres. Puis, on amène des fiacres dans lesquels on les fait monter tour à tour, pour les conduire à la prison Saint-Joseph, au milieu des huées et des cris de mort de la foule.

Le supérieur, avec un autre Père, demeure dans la maison pour guider les investigateurs dans leurs explorations.

Sous prétexte de chercher des armes, on fouille dans les bureaux, on vole des reliquaires, des crucifix ; on jette à terre des livres de la bibliothèque pour s'assurer qu'ils ne contiennent pas des *chassepots !* Chacun se délecte à bouleverser, à piller, dans ce « repaire infâme de Prussiens. »

Soudain le bruit se répand au dehors que les armes sont cachées dans un souterrain qui communique avec le couvent des Sœurs Clarisses situé dans la rue Sala, à environ cinquante mètres de là.

Aussitôt la horde se précipite vers... la cave. C'était là surtout qu'on en voulait venir ; c'est là qu'on chercha le souterrain jusqu'à... quatre heures du matin .

Il est probable que si le souterrain ne fut pas découvert, ce fut grâce aux libations généreuses qui obscurcirent la vue et l'intelligence des perquisiteurs.

Nous nous souviendrons longtemps de la triste soirée du 6 septembre. Il pleuvait par torrents.

Dans la boue grouillaient plusieurs centaines de femmes qui, pour la plupart, ne pardonnaient pas à ces Jésuites de leur avoir, par leurs aumônes, épargné plus d'une fois les tourments de la faim. Celles-là étaient les plus acharnées à vomir les plus hideuses calomnies, les plus grossières ordures contre les Pères.

Toutes les fois que la voiture emmenait à la prison Saint-Joseph quelque nouveau Religieux, ces mégères, dégoûtantes de blasphèmes et de mots honteux, se ruaient vers le fiacre. Les gardes nationaux avaient besoin de toutes leurs forces pour empêcher ces furies de mettre en pièces ces mêmes hommes devant lesquels, trois jours encore auparavant, elles venaient hypocritement tendre la main et demander un sou. Ce que les gardes nationaux ne pouvaient pas empêcher, c'étaient les crachats dont ces bouches infectes salissaient la robe de ces humbles Religieux, muets, calmes, dignes, et les glaces mêmes de la voiture, lorsque l'on pouvait parvenir à mettre cet obstacle entre eux et elles.

La scène, nous l'avons dit, dura jusqu'au matin.

Les Religieux, au nombre de onze, enfermés à la prison Saint-Joseph, restèrent pendant plusieurs jours au secret, réduits au pain sec et à l'eau, et couchant sur la paille. Parmi eux se trouvaient deux vieillards !

Leur détention dura plus d'un mois. Au bout de ce temps, ils furent mis en liberté, sans avoir pu obtenir d'être interrogés et jugés.

Pendant cet intervalle, le Comité de salut public s'était emparé du couvent.

Des individus, des gardes nationaux, chargés de *garder* la maison, faisaient honneur au vin des Jésuites et à leurs provisions de ménage.

Dans la seule journée du 8 septembre, on consomma vingt-sept pigeons, deux pains de sucre, etc., du vin à volonté et le reste à l'avenant.

L'intérieur de la maison ne fut évacué que lorsqu'il n'y eut plus rien à boire, ni à manger.

Alors on inscrivit sur la porte du couvent ces mots : *Propriété de la Commune ;* on posa les scellés sur la cave vide, sur les chambres dévastées, sur la bibliothèque bouleversée ; on installa dans la maison un poste permanent de gardes nationaux, un restaurant national, le bureau d'un officier de paix, une caserne de mobiles et de gendarmes, un entrepôt de farines (dans la chapelle), le dépôt d'une légion du Rhône, et après cela on s'étonnait que les propriétaires du couvent osassent se plaindre. Étaient-ils assez outrecuidants, ces Jésuites?

Les choses en sont encore là. On voit toujours sur la

porte l'inscription : *Propriété de la Commune*, et aux fenêtres les chaussettes des gendarmes qui s'éthérisent aux rayons du soleil[1] !

Les Jésuites possédaient une seconde maison située à Fourvière ; celle-ci eut moins à souffrir.

Toutefois, elle eut aussi son épisode, moins odieux et plus ridicule. Le voici :

Dans la nuit du jeudi au vendredi 9 septembre, un détachement de gardes nationaux gravissait la colline de Fourvière, à destination de la résidence des Pères Jésuites, sise sur le plateau.

Arrivés vers le milieu de la montée, quelques-uns, essoufflés par la marche ou impatients d'exécuter leur consigne, trouvent plus simple d'escalader le mur de clôture qui protége le jardin des Pères, et d'ouvrir de dedans, à leurs camarades moins ingambes, une porte qui avait le mérite d'abréger sensiblement le chemin.

Une fois sous les fenêtres de la maison, nos hommes de crier. Une fenêtre s'ouvre, et une voix s'informe du motif de cette visite inattendue :

« — Nous venons faire perquisition.

« — Avez-vous mandat pour cela?

« — Oui. »

Et le chef montre un ordre signé du Comité de salut public. On se contente de faire observer aux visiteurs

---

[1] Au moment encore où nous écrivons ces lignes (15 juin 1871), la caserne de gendarmerie, l'inscription *Propriété de la Commune* et le dépôt de farines existent toujours. On nous assure cependant que la maison doit être sous peu rendue à ses légitimes propriétaires.

que l'ordre ne portait pas que la perquisition fût faite de nuit. Mais, que voulez-vous ? ils ont tant de besogne, ces citoyens !

Après les questions de rigueur : « — Avez-vous des armes ? Avez-vous de l'argent caché ? » une voix s'élève de la troupe :

« — Le souterrain, où est-il ? »

On répond qu'il n'en existe pas.

« — Eh bien ! reprend la voix, moi je dis qu'il y en a un ! il doit même être là ! »

Et notre homme frappait la terre de la crosse de son fusil. La terre rend un son caverneux.

On se met à gratter le sol avec la pointe des baïonnettes ; tout à coup, ô surprise ! à la lueur vacillante des bougies, on aperçoit... une pierre ronde, dans laquelle est scellé un anneau de fer !!!

La troupe pousse un *Ah !* de satisfaction.

L'auteur de la trouvaille se retourne vers les Pères présents à cette scène, en s'écriant d'un air narquois : « Quand je le disais ! »

Quatre hommes et un caporal s'arc-boutent pour enlever la pierre.

Toutes les têtes s'avancent au-dessus de l'orifice, puis soudain... se reculent. Des *pouah !* énergiques se font entendre. Une odeur suffocante s'échappe. C'était... on le devine.

On se consola de la mésaventure en faisant perquisition dans la maison. De copieuses rasades, fournies par les Pères, achevèrent de ramener la sérénité sur les fronts un moment assombris.

IV

QUELQUES FAITS

Le 6 septembre, le Père abbé des Trappistes d'Aigue-belle, de passage à Lyon, est arrêté. On le promène de poste en poste, on lui fait subir plusieurs interrogatoires, mille avanies ; enfin on se décide à le mettre en liberté.

Le 8 septembre, Mgr Guillemin, évêque missionnaire en Chine, arrive à Lyon. Il est arrêté à la gare de Perra-che et forcé de passer la nuit au poste.

Le 8 septembre, on parle d'arrêter tous les membres de l'administration des hospices et plusieurs anciens juges du tribunal de commerce. On renonce pourtant à ce projet.

Le 8 septembre, à trois heures du soir, une perquisition est opérée dans le pensionnat des Dames Ursulines de Sainte-Foy. Les gardes nationaux chargés de cette beso-gne ne trouvent que des éloges à donner aux directrices de l'établissement pour la bonne tenue de leur maison.

Le Séminaire des Missions Africaines, situé Grande-Rue

2

de la Guillotière, 243, est occupé, le 7 septembre, par un détachement de gardes nationaux. Presque au même moment meurt un des jeunes aspirants destinés à aller porter chez les sauvages de l'Afrique la liberté de l'Évangile.

Le décès constaté, il s'agit de faire la déclaration exigée par la loi ; un des directeurs de l'établissement va remplir cette formalité, *escorté de deux fusils !*

L'enterrement est fixé au lendemain 8 septembre...

Le cercueil franchissait la porte du Séminaire des Missions Africaines, on l'arrête.

La bière est ouverte, on en sonde les parois, on remue le cadavre, on écarte le linceul, on décroise les mains pieusement armées du crucifix, « pour voir s'il n'y a pas des armes ou de l'argent cachés. »

Et cela se passait au milieu d'un petit groupe de cyniques, qui ricanaient, qui plaisantaient en face du cadavre. Et une voix demanda : « Qui sait s'il ne *fait pas le mort* pour s'échapper ? »

La fouille terminée, les porteurs ont la liberté de continuer leur marche.

Les directeurs et les condisciples du défunt, qui, muets de douleur, avaient assisté à cette hideuse scène, se disposent à accompagner leur frère au lieu du repos... Non !!!

Cette consolation leur est brutalement refusée. Seul, le frère du défunt, à force d'instances, obtient cette *faveur*. Il suit le cercueil, placé entre deux gardes nationaux qui l'escortent au cimetière et le ramènent, lui laissant à peine le temps d'achever un *De profundis* sur la tombe béante de son frère !

Le 8 septembre, à huit heures du soir, la cure de Saint-Louis à la Guillotière est cernée par des gardes nationaux. A un ecclésiastique qui veut sortir, on met la baïonnette sur la poitrine. La consigne n'est levée que le lendemain à midi.

Le 9 septembre, Mgr Ginoulhiac, archevêque de Lyon, revenant de Fourvière, voit sa voiture arrêtée par une troupe de gardes nationaux, qui forcent Sa Grandeur à descendre de voiture pour fouiller dans les caissons.

Le 13 septembre, les Pères Capucins, domiciliés aux Brotteaux, sont mis en fiacre et conduits à la gare de Genève, avec ordre de quitter la France dans les 48 heures.

Dans la *nuit* du 13 au 14 septembre, une troupe de douze hommes armés pénètrent dans le couvent des Sœurs Clarisses, rue Sala, et réclament tout l'argent qu'elles possèdent.

Ils menacent une Sœur, qui les guide dans leurs perquisitions, de la *fusiller*, si elle ne leur découvre pas tout l'or de la maison !

Ils forcent la même Sœur de les conduire à la chapelle, et, là, ils la contraignent d'ouvrir le tabernacle et d'en retirer le Saint Sacrement pour leur prouver qu'il ne s'y trouve point d'argent caché.

Le 17 septembre, les Pères Carmes sont expulsés de Lyon et... de France.

Chacun de ces Religieux avait reçu, quelques jours auparavant, du Père procureur, 100 fr. pour parer aux éventualités d'un voyage qui pouvait devenir forcé. MM. du Comité sont assez prévoyants pour enlever 80 fr. à chacun

des Pères, ne leur laissant que 20 fr. sous prétexte que
la somme est suffisante pour se rendre en Suisse.

La chapelle des Carmes est convertie en caserne. Des
gardes nationaux, chargés d'y opérer une perquisition,
chantent, dans cette chapelle, la *Marseillaise*, avec accom-
pagnement de l'harmonium.

. . . .

Nous nous arrêtons là. Si nous voulions rapporter tous
les faits de ce genre qui se succédèrent en quelques jours,
il faudrait tout un volume spécial.

C'était une passion, un bonheur, une manie de vexer,
d'arrêter, d'emprisonner.

Cette folie ne connaissait plus de bornes, au point que,
le 21 septembre, M. Andrieux, procureur de la République,
ayant cru devoir obéir à une sommation faite par les frères
et amis d'avoir à venir donner des explications sur la mise
en liberté de M. Sencier, de M. Delaire, etc..., dans une
réunion tenue au palais Saint-Pierre, fut mis en demeure
de donner sa démission.

M. Andrieux eut le bon esprit de refuser, et, à sa sortie
du lieu de la réunion, il ne fallut rien moins que l'inter-
vention de la garde nationale pour le retirer des mains des
mêmes « purs » qui, dix-sept jours auparavant, allaient
briser ses fers à la prison Saint-Joseph.

M. Andrieux, cette fois, se le tint pour dit, et oncques
depuis, on ne le revit dans aucune réunion publique.
Aussi M. Andrieux est-il très-mal noté à la Croix-Rousse
et à la Guillotière : les mauvaises langues de ces quartiers
disent que M. Andrieux a flatté le peuple pour « arriver »

et que, depuis qu'il est en place, il est devenu « fier. »

Le soir même de cette affaire, nous rencontrions dans la rue deux individus qui voulaient mutuellement s'arrêter et se conduire au poste, et qui finirent, bien entendu, par n'y aller ni l'un ni l'autre.

Une dame de notre connaissance, ayant à expédier en Autriche une certaine quantité de médailles, dut aller à l'Hôtel de Ville pour obtenir un permis ; on lui donna deux gardes nationaux pour l'escorter chez elle, visiter le paquet, surveiller l'emballage, et accompagner processionnellement le colis au chemin de fer !!

V

L'ENSEIGNEMENT CONGRÉGANISTE ET L'ENSEIGNEMENT MUNICIPAL

Depuis le 4 septembre, tout ce qui représentait à Lyon une idée honnête, un principe religieux était *suspect* et traité comme tel.

A ce titre, nos *illustres* administrateurs pouvaient-ils oublier les Frères et les Sœurs chargés de l'enseignement ! Aussi, après avoir satisfait leur haine rancuneuse contre les Jésuites, les prêtres, les Religieux et les Religieuses de tout ordre, n'eurent-ils rien de plus pressé que de persécuter ces *ignorantins* qu'ils détestaient si cordialement, eux, les Républicains autocrates qui devaient, pour la plupart, le peu d'instruction qu'ils possédaient, à ces *infâmes ignorantins*.

Le fameux Comité de salut public, si lestement nommé... par lui-même, le 4 septembre, devait naturellement commencer la série de ces nouvelles mesures iniques, comme il avait déjà inauguré l'ère de toutes les bévues et de toutes les exactions commises depuis la proclamation de la République. Cet *honneur* lui revenait de droit ; reconnaissons qu'il lui fut effectivement acquis.

Le 14 septembre on lisait sur les murs de Lyon l'affiche suivante :

COMMUNE DE LYON

Le Comité de salut public,

Considérant que l'enseignement donné par les congrégations religieuses est contraire à l'esprit républicain,

ARRÊTE,

ART. 1er. — Nulle subvention n'est accordée dès ce jour par la Commune aux institutions religieuses de l'un et l'autre sexe.

ART. 2. — Les locaux appartenant à la Commune et servant actuellement aux écoles religieuses et aux salles d'asile seront désormais affectés à des écoles et à des salles d'asile, dirigées par des personnes laïques.

ART. 3. — Nulle personne ne peut exercer l'enseignement sans être munie d'un diplôme.

Pour le Comité :

Les présidents : CHEPIÉ, CHAVEROT, PERRET.

Et tout fut dit !

D'un trait de plume, « de par la liberté, » les trois inséparables Chepié, Chaverot, Perret, faisaient défense aux Frères et aux Sœurs d'enseigner !

Eh oui ! en pleine République, trois... messieurs osaient faire ce que jamais l'Empire n'eût osé se permettre, tout Empire qu'il était.

Le 27 septembre suivant, le Conseil municipal de Lyon, s'inspirant de la décision du défunt Comité de salut public qu'il venait de remplacer, prenait un arrêté « faisant défense aux diverses congrégations religieuses de se livrer plus longtemps à l'instruction de l'enfance. »

Dans les premiers jours d'octobre, M. Hénon, maire de Lyon, président du Conseil municipal, prenait la peine d'adresser aux Frères une lettre pour leur rappeler que le Comité de salut public avait supprimé leur enseignement, et que cette décision avait été maintenue par le Conseil municipal; il terminait en les invitant à vider les locaux des écoles.

Enfin, M. Challemel-Lacour, préfet du Rhône, venant à la rescousse, faisait publier, le 5 octobre, un arrêté où on lisait :

ART. 1er. — Les Frères de la doctrine chrétienne, les membres des Congrégations religieuses, les élèves des séminaires, non exonérés par la loi de 1832, seront incorporés dans la garde nationale et soumis à tous les décrets relatifs à la défense du pays.

Quel touchant accord !

Mais cette fois, la population lyonnaise, qui jusque-là avait tout enduré, se contentant de gémir en silence, cette fois, la population lyonnaise se révolta contre une mesure aussi brutale qu'inique.

De tous côtés, les pères de famille se levèrent, et dans tous les quartiers des protestations se couvrirent de milliers de signatures.

Il va de soi que les bonnes raisons en faveur de l'enseignement congréganiste ne manquaient pas.

Depuis 1806, les Frères des écoles chrétiennes avaient

été vus à l'œuvre à **Lyon** ; depuis 1806, le peuple lyonnais connaissait et appréciait les services rendus par ces humbles instituteurs.

Il y avait plus.

Le traitement d'un instituteur congréganiste variait entre 600 et 650 fr. ; les instituteurs laïques qui les remplacèrent reçurent entre 1,500 et 1,800 fr.

Le Bulletin de l'instruction primaire, n° 10, année 1870, constatait que sur vingt-neuf témoignages de satisfaction accordés aux écoles de garçons de Lyon, vingt-trois avaient été mérités par les écoles des Frères, et que sur trente décernés aux écoles de filles, dix-neuf avaient été obtenus par les Sœurs de Saint-Charles.

On se rappelait qu'à l'Exposition universelle de 1867, la Congrégation des Frères des écoles chrétiennes avait obtenu, dans ce grand concours international, une des huit grandes médailles d'or destinées à récompenser les meilleures méthodes d'enseignement. On se rappelait le président du jury des récompenses faisant appeler le frère Victoris, en présence de la commission, et l'embrassant en lui disant :

« Vous donnez le premier rang à la France pour le dessin. La Suisse et l'Allemagne étaient avant nous ; mais votre œuvre renferme un système, présente un ensemble supérieur à leurs méthodes et nous assure le premier rang. »

Le frère Victoris était un *ignorantin*.

Il y eut donc à Lyon des centaines de pétitions couvertes de milliers de signatures.

Sait-on comment l'Hôtel de Ville du drapeau rouge répondit à cette manifestation pacifique de la conscience révoltée ?

Des délégations nombreuses, composées de pères de familles de la Croix-Rousse, de la Guillotière, des Brotteaux, de Saint-Paul, de Perrache, etc., se présentèrent à l'Hôtel de Ville.

M. le préfet leur REFUSA audience !

Le Conseil municipal reçut une protestation signée de 912 anciens élèves des écoles chrétiennes. M. Hénon répondit aux porteurs de cette protestation : « Le Conseil municipal a cru sage de confier les écoles de la ville à des hommes mariés, plus capables que les Frères de former des citoyens et des pères de famille. »

Enfin, le 27 novembre, l'affiche suivante était placardée sur les murs de Lyon.

Voici le texte de cette pièce, vrai chef-d'œuvre du genre, qui, à tous les titres, doit figurer dans ce livre :

ÉCOLES PRIMAIRES MUNICIPALES DE LYON

LE CONSEIL D'ADMINISTRATION AUX PÈRES ET MÈRES DE FAMILLE

En reprenant possession des écoles primaire entretenues aux frais de la commune de Lyon, la municipalité lyonnaise, sur l'avis de sa commission chargée de réorganiser ces écoles, a nommé un conseil d'administration qui aura à les gérer, à les surveiller, à les diriger.

Ce conseil d'administration croit de son devoir d'éclairer les pères et mères de famille sur ce sujet qui les intéresse au plus haut degré.

Les écoles primaires municipales sont gratuites, et confiées désormais à des directeurs et des directrices laïques, munis du diplôme universitaire, et le plus possible pères et mères de famille.

L'enseignement comprendra tous les éléments pratiques des sciences et des arts, et la morale, lesquels plus tard seront nécessaires à l'enfant devenu homme, pour occuper dignement sa place dans la société.

L'enseignement religieux ne fait pas partie du programme de nos écoles.

Entre les diverses théories religieuses qui se partagent les croyances du plus grand nombre, la Commune n'a pas à choisir ; elle doit rester neutre. Par respect pour la liberté de conscience, et pour se conformer du reste à notre loi civile, elle laisse tout enseignement de ce genre aux soins et à la responsabilité des familles et aux ministres des différents cultes.

Mais sa sollicitude se reporte tout entière sur l'enseignement de la morale effective, de la morale dégagée de tout système préconçu et exclusif, née de l'expérience progressive et appuyée sur l'assentiment universel. Elle tient à faire pénétrer de bonne heure dans le cœur, dans l'esprit, dans les actes des jeunes enfants, espoir de la Patrie appelée à se régénérer, les notions les plus rigoureuses des devoirs et des droits de l'individu, soit envers lui-même, soit envers la famille, soit envers la société.

Il est temps d'entrer résolûment dans cette voie, d'adopter un programme applicable à tous, et qui unit au lieu de diviser.

L'expérience du passé a été assez longue et assez funeste ; nous en subissons aujourd'hui plus que jamais les conséquences accumulées.

Convaincus aussi bien que nous de l'importance des observations qui précèdent, les parents, nos concitoyens, devanceront, nous n'en doutons pas, la loi qui déclarera obligatoire l'instruction primaire ; ils s'uniront à nous pour préparer leurs enfants à devenir de vrais citoyens et de vraies mères de famille.

Les membres du Conseil d'administration :

F. BRUN, *président* ; VACHERON, A. RAISON, GRAND, JABOULAY, ROSSIGNEUX, GAY, Docteur BRON, J. BAVOZET, *secrétaire*.

Approuvé : *Le maire de Lyon,* HÉNON.

Comme complément de cette affaire, on usurpa le nom du Docteur Bron pour le mettre au bas de l'affiche. Et le 3 décembre, le Docteur Bron écrivait à M. Hénon :

Absent de Lyon, depuis le commencement de la guerre, pour le service des ambulances, et traversant la ville, pour me rendre à l'armée de la Loire, j'ai vu avec surprise, ce matin seulement ma signature au bas d'une affiche concernant les écoles communales.

Le procédé était digne du but !

Cependant, de tous côtés, les vexations les plus arbitraires, les plus sauvages mêmes, contre les Frères, allèrent leur train.

De tous côtés, il étaient expulsés des maisons qu'ils habitaient.

Il en fut ainsi pour leur maison profès située à Caluire, près de Lyon, maison qui était leur propriété.

On inventoria le mobilier.

Le 10 octobre, le maire provisoire de Caluire faisait annoncer, par affiche, que le samedi, 15 octobre suivant, « il serait procédé à la vente aux enchères publiques, par le ministère d'un commissaire priseur, de provisions de bouche, récoltes sur pied, bêtes à cornes, fourrages, vins, etc.. TROUVÉS dans l'ancien établissement des Frères à Caluire, devenu propriété communale. »

La maison était habitée par des vieillards et par de tout jeunes gens, on les mit à la porte.

Le 8 octobre, on voyait à Caluire quatre hommes portant sur un fauteuil un Frère mourant. M. l'aumônier du couvent évacué avait sollicité et obtenu la faveur de donner asile au moribond.

Le pauvre vieillard, ancien assistant du supérieur général, avait nourri la douce espérance de rendre son dernier soupir au milieu de la famille adoptive qu'il avait honorée par ses vertus. Non ! Soixante-quatorze années d'une existence consumée presque entière au service de la classe ouvrière ne purent pas lui obtenir cette satisfaction suprême.

Un autre jour, sur la place des Terreaux, se passait un second fait qui arracha bien des larmes.

Un vieux Frère de la doctrine chrétienne, âgé d'environ quatre-vingts ans, arrive à pied, tout poudreux, chargé d'un paquet contenant ses hardes. Il n'en peut plus de fatigue. Les passants se groupent autour de lui et l'interrogent. Il leur répond : « J'ai instruit gratuitement pendant cinquante-trois ans la jeunesse. Les forces me manquent pour continuer ce bon office ; et je me reposais depuis quelque temps dans la maison que nous avons fait bâtir à Caluire. Et voilà que de prétendus républicains m'ont chassé, sans me donner seulement quelques centimes pour prendre l'omnibus ou manger un morceau de pain. Je n'aurai pas d'autres ressources que d'aller demander un logement à la maison de la Charité, si l'on veut m'y accueillir. Peut-être faudra-t-il me résoudre à mendier mon pain. »

Et il pleurait, et ceux qui l'écoutaient pleuraient aussi. Bien des personnes lui offrirent un asile dans leur maison ; un homme charitable le prit enfin sous le bras et le

3

conduisit auprès d'une famille que le vieillard disait connaître un peu.

Pendant ce temps-là, le citoyen Denis Brack, libre-penseur enragé, ex-rédacteur de l'*Excommunié*, feuille immonde et puante, le citoyen Denis Brack, qui, quelques jours auparavant avait organisé des réunions publiques dans le but de diffamer les Frères, recevait pour prix de son éloquence la... maison des Frères de Caluire. Et il faisait annoncer qu'il venait « d'être chargé de la direction d'un vaste établissement. »

Le vaste établissement était la propriété volée aux Frères, dans laquelle M. Brack s'installait, lui et toute sa famille, et où il *ripaillait* à « bouche que veux-tu » aux deniers des Frères et de la bonne ville de Lyon. On verra plus loin comment le « séminariste défroqué » paya cette faveur [1].

Et pourtant les écoles municipales s'obstinaient à ne pas vouloir florir. On prodiguait l'argent, on mettait tout en œuvre pour « attirer la pratique », on allait même jusqu'à menacer des mères de familles. Toujours rien ou à peu près rien... que des affronts.

Le 21 novembre, le maire de Lyon recevait cette lettre :

M. le Maire de la ville de Lyon,

Puisque, de par la République, il est défendu, dans les écoles

---

1 On sait que le citoyen Denis Brack fit ses études au petit séminaire de Saint-Jodard (Loire), puis au grand séminaire d'Alix (Rhône). Il était encore, il y a trois ans, investi de la confiance d'une famille religieuse et honorable de notre ville, dans laquelle il remplissait l'emploi de précepteur, lorsqu'on découvrit que l'hypocrite, cachant son nom véritable de Gros-Denis, sous le nom de Denis Brack, était rédacteur en chef de l'*Excommunié*.

fondées au nom et sous les auspices de la liberté, d'apprendre à de toutes petites filles la prière, le catéchisme, l'histoire sainte, même le chemin de l'église, même le signe de la croix, même l'existence de Dieu, ma conscience et ma foi m'obligent à vous envoyer ma démission.

J'ai l'honneur d'être, M. le maire, votre très-humble servante,

A. BÉATRIX,
Directrice de l'école municipale d'Ainay.

Ou bien on surprenait dans les écoles libres-penseuses des colloques comme celui-ci :

LA MAITRESSE. — Vous savez, mes enfants, que nous ne faisons pas de prières ici. C'est là une pratique dont la République nous a enfin débarrassées. Quand vous sentirez le besoin d'invoquer l'Être suprême, vous regarderez le soleil...

UNE PETITE FILLE DE NEUF ANS : — Mais, madame, et le soir, que faudra-t-il donc que je regarde ???

Ou bien encore on arrivait à des résultats dans le genre du suivant :

BUDGET D'UNE ÉCOLE MUNICIPALE

Loyer. . . . . fr. 2,500
Traitement du professeur. . . 1,800
Nombre des élèves. 8
Soit 537 fr. 50 c. par tête d'élève.

Et les écoles congréganistes, soutenues par les cotisations spontanées des familles pauvres et riches, se rouvraient peu à peu dans les quartiers, et les élèves abondaient, les salles étaient trop étroites.

Et les écoles congréganistes vont toujours se multipliant et réussissant. Une institutrice congréganiste, qui n'avait l'année dernière que *cent vingt* enfants, en compte plus de *deux cents* depuis l'ouverture des écoles municipales.

Ces faits sont assez concluants ; ils n'ont pourtant pas pu encore dessiller les yeux de nos administrateurs.

Il est vrai qu'il n'est pas de pire aveugle que celui qui ne veut pas voir.

VI

RÉUNIONS PUBLIQUES ET ÉMEUTES

Lorsque les démagogues de Lyon n'eurent plus ni Jésuites à pourchasser, ni couvents à piller, ni Religieux à arrêter, ni prêtres à persécuter, ni *réactionnaires* à molester, ils se créèrent une occupation nouvelle. Il fallait bien faire quelque chose !

Alors une idée lumineuse jaillit dans leur cerveau.

Trouvant que le préfet et le Conseil municipal n'allaient pas au gré de leurs désirs — et certes nos *rouges* étaient difficiles ! — ils résolurent, un beau matin, de mettre préfet et Conseil municipal à la porte, tout simplement !

Le projet était assez ingénieux et, ma foi ! peu s'en fallut qu'il ne réussît.

C'était l'ère des réunions publiques et des émeutes qui s'ouvrait. On va lire le récit des principales de ces émeutes et de ces réunions publiques dont nous avons été nous-même témoin oculaire et auriculaire.

I

La journée du 28 septembre

L'une des principales causes et l'un des principaux moteurs de la première émeute qui eut lieu à Lyon, depuis la naissance de la République de 1870, fut le *général* Cluseret.

Qu'était le *général* Cluseret ? D'où sortait-il ? Que venait-il faire à Lyon ?

Telles étaient les questions que chacun se posait et que nul ne pouvait parvenir à résoudre d'une manière satisfaisante.

On chercha de tous côtés, on s'intrigua, et on finit par découvrir quelque chose.

Le désaveu de ce *général*, à Paris, par Rochefort, désaveu publié dans la *Marseillaise*, donna l'éveil. Rochefort n'était pas exigeant, en définitive, et le *général* Cluseret, répudié par un tel homme, ne devait pas être quelque chose de bien... propre, disons le mot.

Qu'était le *général* Cluseret ?

Général? Jamais il ne l'avait été en France, pas davantage en Amérique.

Français ? Il avait excipé, un an auparavant, dans un procès assez scandaleux, de sa qualité d'Américain, pour échapper à une condamnation.

Américain ? Non plus, car, dès le 4 septembre, M. Cluseret se déclarait Français.

D'où sortait-il ? Ah ! ç'eût été difficile à dire, et d'ailleurs cela importait peu.

Que voulait-il ? Oh ! peu de chose, presque rien.

Le *général* Cluseret annonçait dans une réunion publique tenue, en son honneur, au Grand-Théâtre, le 23 septembre, qu'il était venu se proposer comme commandant en chef omnipotent des forces du Midi, qu'il se chargeait d'arrêter les Prussiens, de les battre même au besoin, de préserver Lyon d'une invasion, de sauver la France, le tout pour la bagatelle de... 50 millions !

C'était pour rien.

Eh bien ! cette inintelligente population lyonnaise eut le front de les lui refuser ! Le *Progrès* lui-même, journal démocratique de Lyon, trouva la chose raide.

Naturellement, le *général* Cluseret en fut vexé, et ce patriote cosmopolite — du patriotisme à 50 millions, s'il vous plaît ! — ce juif errant de la République universelle, cet aventurier des bonnes places, voulut se venger.

Les coryphées de l'*Internationale* se mirent en campagne, et, en avant la musique !

Le 24 septembre, une réunion publique fut tenue à la salle de la Rotonde, aux Brotteaux.

Voici comment, en sortant de cette séance, nous traduisions nos impressions sur nos tablettes :

La présidence de la réunion est confiée au citoyen Saigne : un nom qui promet et qui tient ses promesses !

Nous n'avions jusqu'ici rien entendu d'aussi violent, d'aussi

triste, d'aussi féroce, — parlons français! — que, le citoyen
Saigne. Le citoyen Saigne ricane, quand on lui parle de serments,
d'honneur, de conscience. Il avoue que pour sa part, si l'on avait
pu découvrir les noms des mouchards salariés par Napoléon, il
n'eût pas pu se retenir d'en... *tuer deux ou trois !*

On frémit malgré soi en voyant le trésor de haine amassé dans
le cœur de ces hommes-là, haine qu'ils étendent non-seulement à
ceux qui leur ont fait du mal, mais aussi à tout ce qui possède et
à tout ce qui est honnête.

Le citoyen Beauvoir, un démagogue qui parle peut-être mieux
le français que le citoyen Saigne, mais qui, à coup sûr, est aussi
cramoisi, a pris la parole à son tour.

Le citoyen Albert Richard, qui pose pour un Saint-Just au petit
pied, puis une foule d'autres obscurités se sont succédé à la tribune, de sept heures et demie à dix heures et demie du soir.

Voici le bilan des résolutions prises et votées par ces bons citoyens :

« On lèvera un impôt progressif et forcé de 200 millions.

« Tous les richards qui ont abandonné la ville seront tenus d'y
rentrer dans les quarante-huit heures, sous peine de mort !

« *Tous* les officiers de l'armée, nommés par l'Empire, seront des-
titués.

« Les forts seront occupés en entier par la garde nationale.

« On publiera, si on les a trouvés à l'Hôtel de Ville, les noms de
tous les agents de police ou mouchards qui ont servi l'Empire.

« Nota. — On en tuera autant qu'on pourra. »

Pas plus que cela !

Pour un début, c'était assez crâne.

Deux jours après, le 26 septembre, ce fut mieux encore.

La séance, ouverte à sept heures du soir, toujours à la
Rotonde, avait été annoncée par affiches.

Le citoyen Saigne, président ordinaire, ouvre la séance

par la lecture d'une affiche qu'il dit devoir être placardée le lendemain sur les murs de la ville.

Voici la teneur de ce *factum*, qui fut en effet placardé et mis en morceaux presque aussitôt par les habitants indignés :

RÉPUBLIQUE FRANÇAISE

FÉDÉRATION RÉVOLUTIONNAIRE DES COMMUNES.

La situation désastreuse dans laquelle se trouve le pays, l'impuissance des pouvoirs officiels et l'indifférence des classes privilégiées ont mis la Nation française sur le bord de l'abîme.

Si le peuple organisé révolutionnairement ne se hâte d'agir, son avenir est perdu, la Révolution est perdue, tout est perdu. S'inspirant de l'immensité du danger, et considérant que l'action désespérée du peuple ne saurait être retardée d'un seul instant, les délégués des comités fédérés du salut de la France, réunis au Comité central, proposent d'adopter les résolutions suivantes :

« ART. 1er. — La machine administrative et gouvernementale de l'État étant devenue impuissante est abolie.

« Le peuple de France rentre en pleine possession de lui-même.

« ART. 2. — Tous les tribunaux criminels et civils sont suspendus et remplacés par la justice du peuple.

« ART. 3. — Le paiement de l'impôt et des hypothèques est suspendu. L'impôt est remplacé par les contributions des communes fédérées, prélevées sur les classes riches, proportionnellement au salut de la France.

« ART. 4. — L'État, étant déchu, ne pourra plus intervenir dans le paiement des dettes privées.

« ART. 5. — Toutes les organisations municipales existantes sont cassées et remplacées dans toutes les communes fédérées par des comités du salut de la France, qui exerceront tous les pouvoirs sous le contrôle immédiat du peuple.

« ART. 6. — Chaque comité de chef-lieu de département enverra deux délégués pour former la Convention révolutionnaire du salut de la France.

« Art. 7. — Cette Convention se réunira immédiatement à l'Hôtel de Ville de Lyon, comme étant la seconde ville de France et la plus à portée de pourvoir énergiquement à la défense du pays.

« Cette Convention, appuyée par le peuple entier, sauvera la France.

« Aux armes ! ! !

> « E.-B. Saigne, Rivière, Deville, Rajon (de Tarare), François Favre, Louis Palix, B. Placet, G. Blanc, Ch. Beauvoir, Albert Richard, J. Bischoff, Doublé, H. Bourron, M. Bakounine, Parraton, A. Guillermet, Coignet aîné, P.-J. Pulliat, Latour, Guillo, Savigny, J. Germain, F. Charvet, A. Bastelica (de Marseille), Dupin (de Saint-Étienne), Narcisse Barret. »

Lecture faite de ce document, un citoyen Cheval (sic) monte à la tribune. Il rapporte que les cinq délégués, nommés le samedi précédent par l'assistance pour aller au comité de la guerre réclamer la mise en liberté des soldats détenus pour délits politiques, n'ont pu obtenir satisfaction. Le comité de la guerre s'est déclaré impuissant. « Il est enchaîné, s'écrie le citoyen Cheval, par des volontés ennemies. Brisons-les, ces obstacles ! »

Le citoyen Beauvoir, membre du bureau, fait ensuite la lecture du procès-verbal entier de la séance du 24. On avait décidé que tous les riches qui auraient quitté la ville et qui n'y rentreraient pas dans les quarante-huit heures « seraient passibles de la peine de mort. »

« Cette mesure, dit le citoyen Saigne, peut paraître contradictoire avec l'abolition de la peine de mort, le grand principe républicain. Il n'en est rien pourtant : on doit faire exception en *faveur* des traîtres. »

Quant à l'article relatif au séquestre des biens des communautés religieuses, le citoyen Saigne déclare que c'est le seul moyen de pouvoir s'emparer de leurs biens « *sans les voler* » ; qu'en déclarant seulement la séparation de l'Église et de l'État, « on donne à ces gens-là le droit de citoyens, et en leur prenant leurs propriétés, on les vole ; tandis qu'autrement... *non !* »

A ce moment, un citoyen a le courage, — il en fallait pour cela, — de demander la parole contre ces propositions. Ce fut le signal d'un tumulte inexprimable. Et nous avons vu, sans nous en étonner, car nous nous y attendions, le citoyen-président Saigne refuser la parole. Toujours la liberté ! Le courageux interrupteur proteste énergiquement. Alors le président Saigne s'emporte et s'avance menaçant vers lui. L'orateur descend de la tribune, la foule l'environne, le houspille. Le tumulte va croissant. Les vitres volent en éclats. Les plus timides s'enfuient. Cela dure un grand quart d'heure.

Lorsque le calme fut rétabli, une bonne moitié de la salle, presque pleine au début de la séance, était vide.

Arrive le moment de la « déclaration importante, » mentionnée sur l'affiche de convocation.

C'est l'affiche intitulée : « Fédération révolutionnaire des communes, » qu'on a lue plus haut.

Le citoyen Saigne le déclare en propres termes :

« Nous jouons notre va-tout, s'écrie-t-il ; nos ennemis sont puissants, il ne faut pas nous le dissimuler, mais nous engageons la lutte, et nous verrons qui sera le plus fort. C'est de notre tête qu'il y va, en signant cette affiche, si nous ne réussissons pas ; mais le moment d'agir est venu : vaincre ou mourir ! »

Enfin, le mardi soir, 27 septembre, l'affaire fut décidée.

Tout fut mis en œuvre par Saigne et ses compères pour remuer l'auditoire, composé en grande partie d'ouvriers des chantiers nationaux.

On promit à ces ouvriers que leur salaire serait augmenté si la manifestation projetée pour le lendemain était appuyée par eux ; nos hommes donnèrent dans le piège.

Le rendez-vous, sans armes, fut pris pour le jour suivant, mercredi, à midi, sur la place des Terreaux.

Le mercredi, 28 septembre, vers midi, on voyait déboucher par la rue Puits-Gaillot une immense colonne de plusieurs milliers d'ouvriers, sans armes, portant un drapeau rouge frangé d'or ; à leur tête marchait le citoyen Saigne, tête nue, ses longs cheveux en désordre, assisté des orateurs ordinaires de la Rotonde.

En peu de temps, les ouvriers ont envahi la place des Terreaux métamorphosée en une mer houleuse de blouses, — de blouses surtout, — de paletots, de chapeaux et de casquettes.

Il se fait, parmi ces milliers d'hommes, un grand silence ; on n'entend d'autre bruit que le bruit de l'eau de la fontaine de la place retombant en cascade.

Saigne, perché sur les épaules de quatre ouvriers, s'adresse au peuple et dit qu'il va monter à l'Hôtel de Ville demander au Conseil municipal et au préfet leur démission.

Il gravit en effet les degrés du perron de la préfecture, suivi de quelques-uns de ses amis, et, après de nombreux pourparlers, il finit par entrer, lui et les siens.

Une demi-heure après, les portes donnant sur le balcon de l'Hôtel de Ville s'ouvrent pour livrer passage à cette petite bande. Saigne apparaît; il annonce qu'il est maître de la préfecture. Puis, se hissant sur la balustrade du balcon, il s'écrie :

Citoyens :

Je viens déclarer devant la majesté du peuple que la patrie est en danger. Il est du devoir de tous, Citoyens, de la sauver. Jusqu'à présent on s'est moqué, on s'est f... de vous. Je ne vois que des traîtres, que des infâmes, qui n'ont cherché qu'à s'engraisser de la sueur du peuple. Il faut que ça finisse et promptement, nous sommes las d'attendre.

Je déclare, au nom du peuple, que le Conseil municipal est mis en demeure d'accepter et de signer immédiatement le programme radical, que nous vous avons fait connaître hier et qui se résume ainsi : destitution de tous les fonctionnaires, sans exception, ayant appartenu à l'Empire; révocation de tous les officiers de l'armée, qui ont trahi la cause du peuple et manqué à tous leurs devoirs; enfin et en un mot, renversement de tout ce qui existe, avec reconstitution sur des bases radicales et révolutionnaires. (Bravos et applaudissements prolongés.) Tout conseiller qui se refuserait à signer ce programme est dès ce moment déclaré traître à la patrie et sera poursuivi comme tel.

Vous avez souffert pendant vingt-deux ans une odieuse et insultante tyrannie! assez comme ça! Mais je vous demande encore un

jour de patience et vos maux seront finis. Que tous, vous restiez
en permanence à la place que vous occupez, et que les réactionnaires, s'il y en a, sortent immédiatement. Ils sont indignes de
rester dans les rangs du peuple, qui saura en faire prompte justice.
Il faut que la Révolution marche en avant. On nous a assez canu-
lés, qu'elle sape, qu'elle taille dans le vif ; nous aurons le courage
et la force de le faire. Peuple, lève-toi et renverse comme un tor-
rent tout ce qui s'oppose à ta marche ! Je nomme en votre nom le
général Cluseret, ici présent à ma droite, général en chef des armées
révolutionnaires et fédératives du midi de la France. — (Tonnerre
d'applaudissements, de trépignements et de hurlements.)

Le fameux *général* Cluseret, en effet, était au balcon,
qui se tenait tout prêt à accepter la « petite place » qu'on
« voulait bien lui offrir. »

Comment était-il arrivé là, lui qu'on n'avait plus revu
depuis trois jours ? Mystère ! Toujours mystère !

Le *général* Cluseret grimpa donc sur une chaise et
commença :

Citoyens!

Je suis vraiment confus de tant d'honneur de la part du peuple
lyonnais. Je répondrai dignement à son appel : j'accepte la grande,
la noble mission qu'il vient de me confier, celle de sauver la République !

Vous venez de me proclamer général en chef des armées du midi
de la France, et à l'unanimité. Oh ! merci, merci (*la main gauche
sur la poitrine, la droite levée au ciel dans l'attitude du com-
mandement*), Citoyens, mes amis, Citoyens que j'aime, merci, encore
une fois, de m'avoir confié votre destinée. Oui, vous serez heureux ;
oui, je ferai votre bonheur, et je saurai briser tout ce qui s'y oppose,
les entraves de la tyrannie. En avant ! en avant !

Comme première mesure de salut public, et en attendant les autres, je propose la destitution en masse de tous les officiers de

l'armée (*Bravo! Bravo!*). Je propose l'arrestation immédiate du général qui commande à Lyon et de tout son état-major, comme cause des malheurs du peuple. Je vais descendre et je vous invite à me suivre à la Croix-Rousse d'où nous partirons pour nous emparer du traître (*Bravo! bravo!*).

Ce boniment débité, l'illustre guerrier descendit de sa tribune improvisée, et, suivi de quelques meneurs, se mit en devoir de monter à la Croix-Rousse.

Pendant ce temps-là, l'Hôtel de Ville était envahi par des voyous de tout âge. M. Challemel-Lacour, M. Hénon et les conseillers municipaux présents étaient gardés à vue par eux.

Les choses prenaient une tournure grave. Le rappel était battu dans tous les quartiers; les boutiques et les magasins se fermaient partout. Qu'allait-il arriver?

Il est trois heures de l'après-midi.

Saigne, toujours présent sur le balcon de l'Hôtel de Ville où il fume sa pipe, Saigne annonce à la foule que le *général* Cluseret, revenant de la Croix-Rousse a été arrêté : il appelle le peuple à son aide.

Un grand remuement se fait sur la place. Bref, une heure après, M. Cluseret était délivré et se présentait au balcon, disant : « Le peuple est désormais son maître ; je viens de faire la réaction prisonnière. »

Les émeutiers allaient triompher, lorsque la garde nationale débouche sur la place des Terreaux, et forme le carré.

Tout à coup on entend les tambours annonçant l'arrivée des gardes nationaux de la Croix-Rousse.

Saigne et Cluseret, toujours au balcon, leur font des signes joyeux d'intelligence. « Venez, venez vite, » criait Saigne.

Les gardes nationaux de la Croix-Rousse venaient en effet.

Ils entrent dans l'Hôtel de Ville, et, au bout de quelques minutes, on vit... le balcon *nettoyé*, le drapeau rouge à franges d'or fuir honteusement le long des murs, l'Hôtel de Ville évacué. La Croix-Rousse avait mis l'émeute à la porte.

Ce fut un véritable coup de théâtre.

Une demi-heure après, M. Challemel-Lacour, délivré, parcourait les rangs des gardes nationaux disposés sur la place des Terreaux, au milieu d'acclamations sympathiques, s'adressant seulement au représentant de l'ordre.

Ainsi se termina la journée du 28 septembre.

Ç'a été certainement, depuis le 4 septembre, l'émeute la mieux conduite et la mieux organisée pour réussir.

Le plâtrier Saigne, quoique illettré, avait toutes les *qualités* qui font un bon chef de barricade. Il savait *manier* une assemblée comme pas un ; il faisait de son auditoire tout ce qui lui plaisait. C'est le seul homme qui nous ait fait craindre, depuis six mois, pour la tranquillité. Aucun des chefs qui ont dirigé les autres émeutes arrivées ensuite n'était à sa hauteur.

Il avait une certaine éloquence naturelle, éloquence de *barrière*, bien entendu ; mais que faut-il de plus pour une émeute ?

Assez petit de taille, il portait les cheveux longs et crasseux.

Son visage, très-mobile, reflétait toutes ses passions, et sa voix forte et stridente remuait son auditoire. Qu'on ajoute à cela des opinions (?) des plus avancées et on comprendra la demi-réussite de Saigne le 28 septembre.

A partir de ce dernier jour, il disparut de la scène politique.

Il nia avoir été *mouchard* en 1851, ce dont on l'accusa ensuite. — Tout mauvais cas est niable! — Mais il ne nia pas avoir été, après le 28 septembre, nommé officier de paix, aux émoluments de 1,800 fr. par an. Au lieu d'être arrêté, il était chargé d'arrêter les autres. Sort bizarre!

Quant au général Cluseret, *on* lui fit la politesse de le laisser s'esquiver. Il eut la liberté d'aller à Marseille tenter des hasards plus heureux, et provoquer une émeute dans laquelle le sang coula.

On connaît enfin la part prise par le *général* Cluseret aux *exploits* de la Commune de Paris.

En un mot, pas un des principaux acteurs de cette comédie du 28 septembre, qui pouvait tourner au drame, ne fut arrêté.

Le jeune Albert Richard, membre actif de l'*Internationale*, qui, dans les réunions de la Rotonde, poussait à la guerre civile et réclamait à grands cris la « guerre à outrance, » a été condamné, au mois de février 1871, *par contumace*, comme RÉFRACTAIRE, à six mois de prison!!!

II

L'Affaire Arnaud

Nous n'entrerons pas dans de longs détails sur cette triste et malheureuse affaire qui s'est dénouée devant le 2e Conseil de guerre, et que les journaux et les brochures, sans parler des débats, ont fait connaître dans presque tous ses détails.

Mais, il pourra être intéressant de mettre sous les yeux de nos lecteurs les comptes rendus des séances qui précédèrent cet assassinat, séances auxquelles nous nous étions donné la tâche d'assister régulièrement.

La première eut lieu dans la salle Valentino, à la Croix-Rousse, le 13 décembre.

Le citoyen Denis Brack, établi par la préfecture dans le local de Caluire conquis sur les Frères, et nourri aux frais de la « Commune, » vint à cette réunion comme à celles qui suivirent.

Il prêchait avec les autres contre le préfet, aux gages duquel il était. Dans quel but ? C'est ce qu'il serait assez difficile de préciser.

A cette réunion étaient aussi ceux qui, sept jours plus tard, devaient lâchement assassiner le commandant Arnaud.

La réunion du 13 décembre fut convoquée sous le prétexte, *apparent* peut-être, réel peut-être aussi, de fonder un organe demo-radico-soc, qui devait être intitulé la *République universelle.*

Lorsque nous arrivâmes, ce soir-là, à la salle Valentino, un grand nombre d'orateurs s'étaient déjà succédé à la tribune pour *chauffer* la feuille populaire.

« Vous aurez dans ce journal, disait le président, des dépêches vraies et non pas fausses comme celles que fabriquent les autres journaux ; nos correspondances, — des correspondance *pour de bon,* — seront universelles. Nous en aurons jusqu'en Allemagne, de Bebel et consorts.

« A Lyon, nous n'avions pas de journal où le peuple pût parler ; celui-là sera le vôtre. Car je ne parle pas de *certaine feuille,* dite républicaine, qui accuse les républicains (*Bravo!*). Allons, Citoyens, du courage, de l'action et de l'union ! De l'action pour mettre les mains à vos poches et pour souscrire. On va établir à la porte un secrétaire qui recueillera les noms, les adresses et. le chiffre des souscriptions de chacun.

« De l'action, Citoyens, de l'action ! »

Cette *action-là* paraît médiocrement sourire à l'assistance. Fonder un journal, très-bien ; mais le fonder des deniers de l'auditoire !...

Un orateur essaye d'encourager l'assistance en lui disant que les souscripteurs recevront le journal *à domicile,* que ce journal est une planche de salut, que... que... Toutes ces. raisons ne ramènent pas la sérénité sur les fronts.

Le président annonce que la réunion pour le journal va

céder la place à une réunion des chantiers, et il termine en exhortant à souscrire patriotiquement.

Comme pièce à effet, il annonce que sur treize membres nommés pour former la commission du journal, neuf ont déjà été arrêtés. Cette annonce fait sensation ; on a l'air d'y croire.

Le décor change ; nous sommes au second acte.

Le bureau se forme pour la réunion des ouvriers des chantiers. Le citoyen Delapierre, l'un des accusés de l'affaire Arnaud, est élu président. Puis on demande un secrétaire.

Onze noms sont successivement proposés ; les onze déclinent l'honneur, pour la bonne raison qu'ils ne savent pas assez tenir la plume afin de remplir cette fonction.

Nous allions oublier de dire que le nom du citoyen Denis Brack avait d'abord été proposé à la présidence. Sur ce, un citoyen était venu faire remarquer « que le citoyen Denis Brack était certainement un excellent garçon, mais que c'était un homme qui *travaillait de la tête* et qu'il ne pouvait pas être suffisamment au courant de la question des chantiers. »

Le bureau une fois formé, c'est un feu roulant d'orateurs.

On annonce d'abord que deux délégués, nommés par les chantiers, sont allés auprès du Conseil municipal pour savoir si on rouvrirait les chantiers oui ou non, et qu'on attend la réponse.

La plupart des orateurs se livrent, en attendant, à de nombreuses catilinaires contre le conseil municipal.

Ils veulent travailler et vivre en travaillant, mais non

pas vivre d'aumônes en étant forcés d'aller demander des bons à leurs capitaines.

L'un d'eux dit :

« L'autre jour, j'ai été trouver le citoyen Hénon et je l'ai questionné sur les intentions du Conseil. Il m'a répondu que les ouvriers *avaient tordu le cou à la poule aux œufs d'or*, que les chantiers étaient dissous et qu'ils resteraient dissous. »

Un second raconte qu'il a été rendre visite aux citoyens Chaverot et Brialou.

« Ils étaient, dit-il, assis auprès du feu, tout doucement. J'ai dit au citoyen Chaverot qu'il avait été ouvrier comme nous [1], mais que depuis qu'il était le dos au feu et le ventre à table, il avait rudement changé ; que, puisqu'il ne pouvait pas remplir le mandat que nous lui avions confié, à lui et à ses collègues, il n'avait qu'à se retirer. »

Un troisième monte à la tribune ; c'était le fameux Deloche ; c'est là, pour la première fois, qu'il se produisit en public, et qu'on aperçut ce célèbre chapeau gris et ces lunettes abritant un regard qu'on ne pouvait parvenir à rencontrer. Deloche dit « que ce n'est qu'en se *collectivant* qu'on arrivera à faire quelque chose ; que dans la *collectivité* présente, on doit se *collectiver*, afin de *collectiver* les efforts, et obtenir du pain gagné et non pas mendié. »

Un quatrième se met en mesure de lire un long mémoire qui résume ses opinions. Après dix minutes de cette lecture,

---

[1] Le citoyen Chaverot, conseiller municipal et adjoint au maire de Lyon, est peintre plâtrier.

dans laquelle la *bourgeoiserie* a trouvé moyen de revenir
au moins cent fois, l'assemblée baille, grogne et signifie à
l'orateur d'avoir à remettre son mémoire dans sa poche.

Les deux délégués des chantiers arrivent enfin. La réponse n'est pas bonne. « On nous a très-bien reçus, fait
remarquer avec insistance un des délégués, mais on nous
a dit qu'on ne pouvait pas actuellement rouvrir les chantiers, que le Conseil municipal s'occuperait jeudi de la
question, et que peut-être on trouverait le moyen de
donner du travail On nous a du reste très-bien reçus. »

Les discussions s'engagent alors de tous côtés ; deux
membres du bureau en viennent aux gros mots. Bref, on
conclut en disant que la situation n'est pas tenable et que
le lendemain mercredi on descendra sur la place des
Terreaux, à midi.

Le lendemain mercredi, il n'y eut rien du tout sur la
place des Terreaux. C'était partie remise. Le jeudi, 15 décembre, on recommença.

Voici le compte rendu de la séance du 15, tel que nous le
sténographiâmes de mémoire en rentrant à notre domicile.

Vers sept heures, le bureau commence à se former. Le
citoyen Bruyas, un des principaux accusés de l'affaire Arnaud, ci-devant membre du Comité de salut public, est
acclamé président.

L'ordre du jour porte ces trois questions : 1º élargissement des républicains arrêtés au nom de la République;
2º fondation du journal la *République universelle* ; 3º discussion sur la réouverture des chantiers.

Le citoyen Rivière, un vieil habitué des réunions publiques, un autre principal inculpé de l'affaire Arnaud, embouche le premier la trompette. Du haut de la tribune de Valentino, il prononce la condamnation de M. Challemel-Lacour et de la franc-maçonnerie! L'assemblée tout entière ratifie cette double condamnation par des acclamations enthousiastes.

Un deuxième orateur démontre que le peuple ne doit pas aller vers les autorités pour demander des grâces, mais que ce sont les autorités qui doivent venir devant le peuple rendre compte de leurs actes. Il désapprouve donc la pétition au Conseil municipal qu'on est en train de rédiger pour demander l'élargissement des frères et amis, et dit que c'est le Conseil municipal qui doit se rendre à Valentino pour répondre aux demandes de l'assemblée.

Cette proposition n'a pas d'écho.

Un autre vient expliquer au public que les journaux ne sont que des feuilles à mensonges et que la *République universelle* seule ne mentira pas.

Le président Bruyas résume les débats ; il donne quelques détails sur son passé comme membre du Comité de salut public ; il dit que ce Comité avait voté un impôt forcé de quarante millions qu'on a eu l'audace d'annuler ; qu'il est un de ceux qui ont voté l'expulsion des Jésuites et la séquestration de leurs biens.

« Mais, ajoute-t-il, il y a deux autorités à l'Hôtel de Ville : celle du préfet et celle du Conseil municipal. L'une paralyse l'autre. Nous ne reconnaissons pas la première, qu'on nous a imposée, et contre la réception de laquelle

j'ai voté avec quelques membres du Comité de salut public. Nous ne reconnaissons que nos élus, les conseillers
municipaux. C'est donc au Conseil municipal qu'il faut
adresser la pétition qu'on vient de rédiger, et qu'on va
vous lire. »

La pétition est lue et approuvée.

Cinq membres sont nommés pour aller la porter immédiatement au Conseil municipal et rapporter la réponse.
Le citoyen Denis Brack, qui « travaille de la tête, » selon
l'expression d'un orateur, est nommé pour faire partie de
cette délégation.

La délégation sort de la salle et descend vers les Terreaux.

On attendait, en fumant et en causant, le retour de la
délégation, lorsque tout à coup un jeune orateur s'élance
à la tribune : son faux-col est d'une blancheur irrépro-
chable ; son nez est surmonté d'un binocle ; sa pose est
théâtrale. Le silence se fait ; la curiosité est éveillée.

« Citoyens et Citoyennes, commence le jeune inconnu,
je suis Alsacien, de Mulhouse, et soldat à la première
compagnie du premier bataillon de la légion alsacienne.
Je suis un républicain de la veille, et je viens vous entretenir quelques instants. A ceux qui désireraient de plus
amples détails sur mon individu, je suis prêt à les donner.
(Parlez !)

« Je suis depuis peu de jours à Lyon. Le premier
journal qui me tombe sous la main à mon arrivée..., je
regarde et je lis : la *Décentralisation*. Qu'y avait-il dans ce
journal ? Des pleurs versés sur des misères faites à des

Religieuses, à des Jésuites. Je ne comprends pas qu'on *n'emprisonne* pas ces gens-là ! Un journal de Jésuites, de calotins !

« Eh oui ! nous avons pris la place de ces bons Jésuites, de ces bonnes Religieuses. Aux Carmes, j'ai vu avec plaisir que la chapelle était occupée et qu'on couchait dans les confessionaux ; à Caluire, on a pris la place des Ignorantins ; nous y sommes, nous ! Les Bénédictines de Cuire, *item.* Il en reste bien quelques-unes, mais elles sont à l'étroit : elles couchent cinq dans le même lit. (*Bravo!*) Est-ce votre journal, un journal qui se plaint de ces actes-là ? Non.

« Est-ce le *Salut public*, le journal des boursicotiers, qui, aujourd'hui encore, contient une insinuation perfide contre le peuple, contre vous, en disant qu'en même temps qu'est arrivée la nouvelle des défaites d'Orléans, on a vu réapparaître les affiches rouges ! A bas cette feuille !

« Il y a le *Progrès*, qui voudrait bien marcher. Mais il a été accaparé par la préfecture. Le *Progrès* est-il votre journal ?

(*Voix unanimes et énergiques :* Non ! non !)

« Quel est donc votre journal ?

(En chœur: *Nous n'en avons point!*)

« Eh bien ! la *République universelle* sera votre journal. Nous verrons, par la liste des souscripteurs, combien il y a de républicains libres-penseurs à Lyon, parce que, voyez-vous, tant que Lyon aura cet *infâme* Fourvière là haut [1]...,

---

[1] On sait que le sanctuaire de N.-D. de Fourvière est dédié à la sainte Vierge.

4

— et en disant cela, les yeux de l'orateur s'injectent de sang, les veines de son cou se gonflent, — Lyon ne sera pas à la République !

« Souscrivez ! Et je demande que le premier numéro de la *République universelle* soit dédié à ce grand patriarche de la République, à Garibaldi. Vive Garibaldi ! » (Cris : *Vive Garibaldi !*)

L'orateur essoufflé est entouré par le bureau qui le félicite. Des *dames* versent des larmes d'émotion, et couvent de l'œil le *jeune premier* qui vient de parler [1].

Le citoyen Denis Brack, qui est de retour avec la délégation, monte à la tribune :

« Citoyens et Citoyennes, vous venez d'entendre les paroles chaleureuses de notre ami, l'ancien rédacteur-gérant du journal la *Pensée nouvelle,* qui a été connu de toute la France. Je le remercie de ses *belles* paroles au nom de toute l'assemblée. »

La séance est levée, vers dix heures et demie ; elle avait duré quatre heures.

Voici enfin le compte rendu de la séance du lundi 19 décembre, veille de l'assassinat.

---

[1] Le jeune Alsacien dont on vient de lire les *belles* paroles était M. A. Schenck, qu'on vit rôder plusieurs fois pendant les événements du 19 et du 20 décembre à la Croix-Rousse et qui avait le grade de capitaine dans une légion alsacienne.

C'était un ami de Denis Brack ; nous ne savons trop quelle part occulte il prit à toutes ces affaires, mais à coup sûr il en prit une. Jamais nous n'avions entendu de paroles aussi haineuses que celles de ce jeune athée.

Il assista à presque toutes les réunions qui précédèrent l'assassinat du 20 décembre.

Lorsque nous entrâmes dans la salle Valentino, le vieux citoyen Rivière était à la tribune.

Le citoyen Rivière disait que nous étions gouvernés par des traîtres, que tous les généraux étaient des traîtres, que les Cathelineau et les Charette étaient des traîtres, et, à l'exemple de *feu* Raspail, il en vient à se demander si lui-même n'est pas un traître.

Le Président — toujours le citoyen Bruyas — dit que le citoyen Rivière a raison. « Mais, s'écrie le citoyen Bruyas, rappelez-vous que pour n'être pas trahis, il nous faut un journal, et ce journal sera la *République univer-selle.* » (On applaudit.).

Un citoyen à la voix de stentor, placé à la droite du Président :

« Silence ! »

On fait silence.

Le citoyen président fait voter par acclamation un blâme énergique au préfet, à M. Andrieux, procureur de la République et à M. Le Royer, procureur général.

C'est au moins pour la sixième fois que cette cérémonie se représente.

On vote « le blâme. »

Le citoyen Rivière réapparaît à la tribune pour dire que « tout le monde *sont* des traîtres. »

Le Président : « Oui, citoyens, c'est vrai, et il n'y a qu'un journal qui nous sauvera, ce sera la *République universelle.* Des listes de souscriptions sont déposées... »

Le citoyen a la voix de stentor : « Silence ! »

Arrive le citoyen Denis Brack, qui monte à la tribune

pour « travailler un moment de la tête. »

Le citoyen Denis Brack semble exalté; il avoue que « sa prudence ordinaire lui échappe et que nous sommes réellement bien vendus. »

A ce propos, il rapporte les bruits qui courent sur la défaite éprouvée à Nuits par nos deux légions de marche du Rhône.

« Ah! s'écrie-t-il, nous sommes trahis en détail; Lyon est menacé de nouveau.

« Un de nos amis a dit qu'il fallait que Marat ressuscitât; des journaux, — nous les connaissons ceux-là, — s'en sont moqués.

« Eh bien, nous le ressusciterons, Marat! Quand arrivera le moment d'aller sur les remparts, il faudra que certains que nous connaissons marchent avec nous, sans quoi nous les *fusillerons*. Et si la ville de Lyon est menacée, plutôt que de la laisser aux calotins, nous la *brûlerons!* »

L'émotion est au comble dans la salle; des dames, qui se trouvent à nos côtés, versent des larmes.

Jamais nous n'avions entendu le citoyen Denis Brack s'exalter de cette façon; lui, si *prudent* de son naturel, avait certainement des raisons majeures pour s'égarer ainsi ce soir-là. Tout étonné lui-même de tant d'audace, il quitte la tribune; le citoyen Denis Brack « a travaillé de la tête! » On applaudit.

LE PRÉSIDENT : « Un journal peut prévenir tous ces désastres, ce journal c'est la *République universelle*. Souscrivons donc, Citoyens, en... »

LE CITOYEN A LA VOIX DE STENTOR : « Silence! »

Troisième apparition du citoyen Rivière. « Peuple, s'écrie-t-il, tu es trahi! (On commence à le croire.) Il faut faire trembler cette *immonde aristocratie*. Il nous faut un Danton, sans quoi nous sommes trahis, trahis, trahis ! »

PRÉSIDENT : « Oui , Citoyens , sans le journal, sans notre *République universelle*, nous sommes trahis, trahis tra... »

LE CITOYEN A LA VOIX DE STENTOR : « Silence ! »

Le silence se rétablit : le citoyen Deloche émerge du sein de l'assemblée.

« Citoyens, commence le citoyen Deloche, nous parvenons enfin par nous *collectiver*. Les sections s'organisent par quartiers; elles seront de cent six personnes. Bientôt, une fois *collectivés*, ça ira. Les femmes s'y mettront, comme les hommes, et les femmes seront chargées de faire marcher leurs maris trop récalcitrants. (Les dames applaudissent en pleurant.)

« Oui, continue le citoyen Deloche, de la *collectivité*, et nous verrons ! »

LE PRÉSIDENT : « Nous obtiendrons ce moyen par notre journal, la *République universelle*, et par les sections. Souscrivons donc avec... »

LE CITOYEN A LA VOIX DE STENTOR : « Silence ! »

Un citoyen qui dit appartenir à une légion de marche, affirme que les deux premières légions du Rhône ont été écrasées près de Beaune, sous les yeux de la troupe de ligne qui les a laissé massacrer.

Le citoyen Rivière bondit pour la quatrième fois à la tribune : « Trahis ! toujours trahis ! s'écrie-t-il. Il nous faut

nommer comme généraux en chef Cluseret et Garibaldi ;
ceux-là ne nous trahiront pas. Ce sont les seuls grands
généraux ; sans eux nous serons trahis comme toujours.
Aux armes ! »

Le Président : « Voilà ce qui arrivera infailliblement
sans notre journal, la *République universelle*..... »

Un citoyen dit qu'il ne faut plus attendre et que, dès le
lendemain. il faut aller à l'Hôtel de Ville se débarrasser des
traîtres.

Le citoyen Deloche *collective* cette idée. Il faut, à son
avis, nommer cinq délégués par arrondissement qui iront,
le lendemain matin, mardi, prévenir à domicile les citoyens.
« Nous nous réunirons ensuite, dit-il, demain mardi, ici,
à Valentino, à huit heures du matin, et nous descendrons
tous en *collectivité*, avec nos fusils, sur la place des Terreaux. *Sauvons* Lyon, *sauvons* la France ! »

Un grand nombre de citoyens s'en vont. « Fermez les
portes, s'écrie Deloche, que personne ne s'en aille ! »

« Comment, dit le président, vous voulez faire une
échauffourée, et vous fuyez déjà ! Pas de lâches ! que les
femmes s'y mettent ! »

Quelques femmes sortent avec leurs maris.

Le citoyen Deloche reprend :

« Tout le monde ici demain, à huit heures du matin !

« On sonnera le tocsin, et Lyon sera sauvé ! *Collectivons-
nous*, et nous vaincrons. Et, quand nous serons les vain-
queurs, nous dicterons des lois à notre tour ! »

Le tumulte est à son comble ; il est près de onze heures. Le maître de la salle vient avertir les membres du bu-

reau qu'il est temps de se retirer. Les noms des délégués chargés d'aller avertir les différents quartiers sont votés. Le nom du citoyen Denis Brack est du nombre. Le citoyen Denis Brack accepte l'honneur qui lui est fait ; nous en croyons à peine nos yeux.

Le Président : « Citoyens, donc, demain ici, à huit heures, et nous agirons. Cette fois, peut-être, la victoire nous sourira bien. Demain à huit heures, et n'oublions pas non plus notre journal, la *République universelle*. »

Le citoyen a la voix de stentor : « Silence ! »

Les délégués chargés de préparer l'*affaire* du lendemain prennent la résolution de rester en permanence dans la salle pour attendre le matin, de peur d'être arrêtés à la porte.

Les femmes des délégués montent à la tribune; elles tentent d'emmener leurs maris respectifs « se coucher. »

L'une représente à son époux qu'il aura bien le temps de se lever de bonne heure ; l'autre s'obstine à ne pas vouloir laisser son mari « seul. »

Force reste en grande majorité aux maris qui persistent dans leur résolution. Le citoyen Denis Brack s'esquive.

Le président : « Citoyens, n'oubliez pas de souscrire à la porte pour notre journal, la *République universelle*. »

Le citoyen a la voix de stentor : « Silence ! »

La foule s'écoule lentement. Il est onze heures.

Ce soir-là, en sortant de cette séance, dans laquelle, comme on vient de le voir, le ridicule même n'avait pas manqué, nous ne pensions pas que, le lendemain, le sang

devait couler. Nous n'avions entendu que des déclamations
insensées et stupides, nous ne pouvions pas croire qu'elles
aboutissent.

Bref, le lendemain, mardi 20 décembre, nous étions à
la salle Valentino.

Le président Bruyas était au bureau. Peu de monde dans
la salle.

La manifestation semblait même devoir échouer lorsque
soudain une bande de femmes fait irruption dans la salle.
« Elles veulent avoir l'honneur de cette révolution, »
crient-elles. Avec elles arrivent les délégués envoyés pendant la nuit pour remuer les différents quartiers.

Une femme, la femme Brun, une accusée de l'affaire
Arnaud, monte à la tribune et dit : « C'est nous *qu'il nous
faut* les faire marcher, ces *sans-cœurs !* » Ce disant, elle
« fait les cornes » à la portion masculine de l'auditoire.
Toutes ses compagnes l'imitent et se tournent vers leurs
époux en imitant le geste et en l'accompagnant de huées.
Les hommes applaudissent !

Le citoyen Rivière vient dire que le moment est arrivé
d'en finir et de sauver la France.

Le citoyen Bruyas appuie la motion.

Le citoyen Deloche dit que les femmes vont aller
chez elles prendre leurs robes noires, — celles qui en
ont, — et qu'elles marcheront à la tête de la manifestation.

« Ce sera, ajoute un autre orateur (le jeune Benoît), un
bouclier pour nous; on n'osera pas tirer ! Il faut de plus
qu'elles aient avec elles un drapeau noir et un drapeau

rouge couvert d'un crêpe. Tous les hommes devront avoir,
avec leurs fusils, des cocardes rouges. »

Les femmes se mettent en devoir de sortir pour aller
faire tous ces préparatifs.

« Ah ! s'écrie Benoît, *vivent les femmes !*

« Je vois, grâce à elles, les portes de l'avenir s'ouvrir et
la Révolution s'asseoir triomphante. A notre tour bientôt
de juger tous ces réactionnaires. Le jour de la *vengeance*
est venu ! Ne frappons pas à tort et à travers ; frappons
juste ! »

Quelques hommes, armés de leurs fusils, entrent dans la
salle. Ils sont acclamés. On entend charger quelques armes.

Les femmes reviennent vêtues en noir, avec un drapeau
noir et un drapeau rouge. Deux d'entre elles montent sur
l'estrade, où elles déploient ces deux étendards. Le tumulte
va croissant.

« Nous allons maintenant, dit le citoyen Bruyas, envoyer
une délégation auprès de la quatrième légion de marche,
casernée aux Chartreux, et qui est disposée à marcher
avec nous. Une seconde délégation ira sonner le tocsin et
faire battre la générale. Enfin, nous en enverrons une troisième auprès des commandants de la garde nationale de
la Croix-Rousse, pour leur demander s'ils veulent être
avec nous ou contre nous. Et tout est dit. Nous descendrons, quand nous serons réunis en armes, sur la place
des Terreaux et nous *nettoyerons* l'Hôtel de Ville. Aux
armes ! »

La tribune est hérissée de baïonnettes.

C'est onze heures. Les femmes, sur deux files, avec leurs drapéaux en tête, parcourent les principales rues de la Croix-Rousse, précédées de deux trompettes. La générale sonne de tous côtés. Toutes les fenêtres s'ouvrent ; l'affluence est grande sur la place des Tapis.

. . . .

On sait le reste ; tout le monde a encore comme devant les yeux cette sinistre agonie du commandant Arnaud, la rage de ses assassins, les hurlements des descendantes des *tricoteuses* qui les accompagnaient, drapeau rouge en tête, et qui, après cela, eurent encore le courage, — était-ce du courage ? — de descendre sur la place des Terreaux ; et, pour couronner le tout, les obsèques *civiles* faites à la victime, obsèques consacrées par la présence de Gambetta et de Challemel-Lacour, au milieu d'une foule innombrable, dans la ville réputée la plus catholique de France [1].

---

[1] Dans l'audience du 21 mars, tenue à Lyon par le 2e conseil de guerre, Deloche a été condamné à mort, Denis Brack et Bruyas, contumaces, à la déportation perpétuelle dans une enceinte fortifiée.

Denis Brack, dont la plume avait été si *brave* quand il s'était agi de baver contre les *Ignorantins,* et qui s'était conduit avec tant de *vaillance* dans l'envahissement de leur maison de Caluire, Denis Brack n'eut pas le courage d'attendre le verdict de la justice : il prit la fuite et sa lâcheté n'étonna personne.

Quant aux autres inculpés, dont le nombre total s'élevait à 45, la plupart furent acquittés, parmi eux Benoît et Rivière.

Le sentiment général fut que le conseil de guerre avait été plus indulgent qu'une Cour d'assises.

On sait que Deloche a été passé par les armes, le 23 mai dernier, à Riom (Puy-de-Dôme.) Il s'était confessé avant de mourir.

III

Le Prologue des Élections du 8 février

Les élections du 8 février à l'Assemblée nationale furent précédées de réunions plus gaies que celles que l'on vient de lire.

Voici quelques-unes de ces séances qui reposeront un peu les lecteurs, tout en leur donnant un aperçu de l'*esprit* de nos rouges, quand ils en veulent avoir.

RÉUNION PUBLIQUE A LA ROTONDE

MARDI SOIR, 31 JANVIER 1871.

Nous arrivons vers sept heures. La salle était déjà à moitié pleine.

A la porte, de vives discussions s'engagent entre des citoyennes et des citoyens. Les premières, paraît-il, n'ont aujourd'hui pas droit d'entrée : on comprend leur fureur. On dit que c'est par souvenance de l'affaire Arnaud. L'absence de femmes n'a pourtant pas empêché qu'on ne parlât beaucoup.

Le bureau se met en devoir de se former. Après un long et pénible enfantement, un citoyen Vaucher est nommé président. On commence.

Le citoyen Grosbois embouche le premier la trompette :

« Pas d'élections ! la résistance à outrance ! »

Tel est l'ordre du jour de cette réunion.

« L'*infâme* Jules Favre, que nous avons eu la bonne idée de ne pas porter aux élections, il y a trois ans, l'*infâme* Jules Favre nous a trahis. (*Oui! oui!*) La levée en masse ! Tous! tous ! » (*Trépignements.*)

Un orateur à barbe et à cheveux ébouriffés :

« Paris est tombé ! C'est un grand bonheur. (*Marques d'incrédulité*). Oui, c'est un grand bonheur ! Par exemple, quand vous allez faire un dîner à la campagne, vous emportez dans votre panier tout ce qu'il vous faut, gigot à l'ail, *claqueret* [1], paquets de couennes ; vous arrivez et vous vous trouvez d'avoir oublié les couteaux et les fourchettes. Est-ce que ça vous empêchera de manger? (*Non.*) Eh bien ! Paris, c'est la même chose. »

L'orateur est applaudi à outrance.

Un orateur enrhumé : « C'est bien entendu ; nous nous battrons à outrance. Mais il nous faut un chef. Ce chef, vous l'avez deviné. (Voix nombreuses : *Galibardi ! Garibardi!*) Oui, c'est Galibaldi ! »

Un citoyen escalade la tribune et propose les résolutions suivantes :

« Pas d'élections ! fusiller tous les fournisseurs qui ont volé; reprendre les hostilités dès demain, et vive Garibaldi ! »

Un autre lui succède, qui dit avoir à faire une grave communication à l'assemblée. Le silence s'établit.

« Citoyens, s'écrie-t-il, mon projet le voici : C'est de chasser les Prussiens. »

L'orateur se retire couvert de bravos.

Il est immédiatement remplacé par un citoyen qui tousse et se prépare à en dire long, bien long. A peine a-t-il commencé que quelque chose comme un coup de sifflet retentit dans la salle.

Tumulte, vociférations.

Tous les regards, accompagnés d'imprécations, se tournent vers ǃe malheureux interrupteur ; chacun veut le voir. On se presse, on se bouscule. Quel est l'audacieux qui a osé ?... vérification faite, il se trouve que l'interrupteur est un... chien, sur la queue duquel un maladroit avait marché par mégarde, et qui avait poussé ce cri de détresse. Pauvre bête ! (Le chien.)

---

1 — Le *Claqueret*, en patois lyonnais, est l'équivalent de *Fromage blanc*.

Le calme se rétablit.

Le citoyen président annonce qu'on a invité les conseillers municipaux à se rendre à la réunion, et que ceux qui sont présents doivent monter à la tribune.

Nous voyons se rendre à cette invitation les citoyens Crestin, Velay, Durand, et un ou deux autres moins illustres.

A ce moment un fragment du plâtrage du plafond se détache et couvre de poussière une dizaine d'auditeurs. Un certain émoi se manifeste dans la foule : la levée en masse, très-bien ; mais être assommé par des fragments de mur, non ; on craint un moment que la coupole de la Rotonde ne s'effondre. Cette crainte finit par s'évanouir.

Le citoyen Crestin prend la parole et dit : « Le conseil municipal est décidé à marcher avec Gambetta s'il fait la résistance à outrance. Quant au général à choisir, vous savez le héros de ma prédilection. Vive Garibaldi ! » (Cris : *Vive Garibaldi !*)

Un orateur dit qu'il faut reconstruire la Ligue du Midi. Il ajoute que tout Français qui rencontrera l'infâme Jules Favre a le droit de le poignarder.

Un autre demande « où diable on a pu ramasser les conseillers municipaux que nous avons à Lyon ? »

Un conseiller municipal, le citoyen Velay, monte à la tribune.

« Citoyens, s'écrie-t-il, le moment d'agir est venu. Il ne faut plus maintenant que des réunions avec armes...

« Vous ne savez pas conserver vos hommes. Croyez-vous que Garibaldi se rendra à votre invitation ? Lyon salit ses hommes.

« Ainsi vous avez fait de Saigne. On l'a accusé d'être un mouchard. C'est faux, archi-faux.

« Voilà les hommes qu'il nous faudrait ! Cluseret, Saigne, Garibaldi! En un mot, les hommes du 28 septembre. »

Il est dix heures et demie. Un grand tumulte se fait dans la salle. Chacun veut parler à la fois, chacun propose son ours.

L'un veut que l'on aille le lendemain se réunir au grand camp en armes, l'autre sur la place Bellecour.

Un ivrogne profite de ce brouhaha pour monter à la tribune. Une

5

discussion s'engage entre lui et un auditeur qui croit avoir affaire à un orateur. La méprise est facile, vu les orateurs qui viennent de parler.

Onze heures! Le gaz faiblit. Tout le monde parle à la fois. Le président déclare la séance levée. La foule s'écoule lentement.

L'ivrogne est toujours à la tribune. Il parle encore à deux ou trois auditeurs acharnés.

Nous allons nous coucher.

RÉUNION PUBLIQUE A LA ROTONDE

MERCREDI, 1ᵉʳ FÉVRIER 1871.

La première partie de la séance consista à se disputer beaucoup et à ne rien faire. Elle commença à dix heures du matin et fut suspendue vers une heure de l'après-midi pour permettre aux orateurs de se rafraîchir et de se restaurer.

Vers quatre heures, reprise. Formation du bureau.

Un orateur à cheveux hérissés et à lunettes bleues : « Il nous faut un drapeau, un drapeau pour nous rallier; ce drapeau c'est Garibaldi.

« Vous m'excuserez, Citoyens, si je ne parle pas très-distinctement, mais je suis enrhumé. (*Ça va bien!*)

Deuxième orateur, à la voix aigre : « Citoyens, vous me pardonnerez si je suis enrhumé, mais... ça n'empêche pas les sentiments. (*Bravo !*)

« Voici mon projet, il consiste à nommer Garibaldi général en chef de l'armée de Lyon! (*Bravos, trépignements.*) Je suis enrhumé...» (*Oui, vous l'avez dit.*)

L'orateur se retire.

L'obscurité devient complète dans la salle. On n'aperçoit plus les orateurs qui parlent.

Un chien, — celui d'hier probablement, — remplit les intermèdes par des vocalises de son choix.

Tout le monde parle à la fois. Une épaisse fumée de pipe et un mélange de miasmes de toute nature nous prend à la gorge et nous fait tousser en même temps qu'une grande partie de l'assemblée.

On se décide à allumer quelques becs de gaz

Nous remarquons parmi les membres du bureau deux ou trois citoyens qui assistaient à la séance tenue à la salle Valentino, la veille de l'assassinat du commandant Arnaud.

Le citoyen président lit le programme adopté par le bureau pour être présenté à l'acceptation du conseil municipal. Ce programme porte :

1º Guerre à outrance ;

2º Réunion à Lyon d'une Convention nationale composée de deux députés par département, *nommés seulement dans les grandes villes ;*

3º Nomination, en attendant la Convention, d'un comité de trente membres destinés à gouverner la ville. Garibaldi nommé général en chef.

Quelques voix isolées : « Et Cluseret? »

Voix nombreuses et violentes : « Pas de Cluseret ! »

Le président fait remarquer que plusieurs citoyens encombrent le bureau sans en être membres. Il demande à l'assemblée qu'elle veuille bien décider que ces citoyens doivent vider les lieux. (Adopté.)

Le déménagement s'opère.

Un citoyen, qui trouve que son voisin ne se retire pas assez promptement, le tire par le bras et le fait rouler avec lui au bas de l'estrade. (Tumulte.)

Le chien fait entendre des gémissements plaintifs. Quelle bête démocrate !

Lorsque le calme est un peu rétabli, le président fait nommer par l'assemblée les trente citoyens qui doivent former le comité en permanence. Nous ne remarquons d'essentiellement illustre, parmi ces noms, que celui de l'épicier Balifois.

Le nom d'un de ces citoyens provoque un assez plaisant incident:

« — Où est-il, demande un auditeur ; je veux le voir !

« — Il n'y est pas.

« — Où est-il ?

« — Il a été manger ! » (*Oh !*)

L'assemblée comprend que le citoyen « a été mangé. » On finit par se rendre compte du *quiproquo*.

Il est près de sept heures du soir. Le citoyen président annonce qu'une dizaine de membres du bureau vont se rendre à l'Hôtel de Ville, porteurs du programme énoncé plus haut afin de le faire accepter. Il propose à l'assemblée de suivre les délégués en bon ordre jusqu'à la place des Terreaux, pour rendre la manifestation plus imposante.

La manifestation se borna à quelques groupes plus nombreux qu'à l'ordinaire sur la place des Terreaux, et voilà tout.

C'était peu dangereux et très-amusant, comme on le voit. De plus, toutes ces déclamations diverses et divisées eurent un résultat : la liste rouge, ou plutôt les listes rouges, car il y en eut au moins une trentaine, furent battues et la liste conservatrice triompha tout entière.

Il y eut des cris de rage dans le parti rouge :

Ils étaient vendus ; la « réaction levait la tête ; » les royalistes étaient au pouvoir ; les républicains allaient être envoyés à Cayenne, etc...

Le *Progrès* leur disait. « C'est notre faute, mes frères ! Frappons-nous la poitrine : *Meâ culpâ, meâ culpâ, meâ maximâ culpâ!* » Et la Guillotière frémissait de colère.

Pauvres gens !

Aussi pourquoi voulaient-ils se mêler d'aller faire de l'esprit dans les réunions publiques?

VII

LE COMITÉ DE SALUT PUBLIC ET LE CONSEIL MUNICIPAL

BILAN
DE LA
MAISON CHEPIÉ, CHAVEROT, PERRET et Cⁱᵉ
Sous la raison Sociale
COMITÉ DE SALUT PUBLIC

PASSIF

4 SEPTEMBRE 1870. — Le Comité de salut public « déclare, au nom de la République et de l'ordre, qu'il n'y a à Lyon dans ce moment qu'une seule autorité, celle qui émane de l'initiative du peuple, qui est provisoirement, composée des citoyens faisant partie du comité provisoire dans l'intérêt de la sécurité de la ville et de la défense du pays. » — Trois proclamations.

5 SEPTEMBRE. — Le Comité de salut public recommande « le calme, la dignité civique et le bon ordre. » — Deux proclamations.

6 SEPTEMBRE. — Le Comité « reçoit le citoyen Challemel-Lacour, délégué du gouvernement provisoire, » et fait arrêter onze Jésuites. — Une proclamation.

7 SEPTEMBRE. — Point de proclamations du Comité, mais beaucoup d'arrestations.

8 SEPTEMBRE. — Le Comité déclare que « la patrie est en danger » et que des bureaux d'enrôlement volontaires sont ouverts sur les places publiques. — Cinq proclamations. .

9 SEPTEMBRE. — Le Comité supprime divers crédits ouverts au budget pour 1870, entre autres un crédit pour « travaux contre les inondations. » Le Comité n'a pas peur de se noyer. — Une proclamation.

10 SEPTEMBRE. — Le Comité supprime l'octroi pour la ville de Lyon, fait arrêter des curés et perquisitionner des maisons religieuses. — Une proclamation.

11 SEPTEMBRE. — Le Comité, qui avait défendu aux richards de sortir de Lyon, lève cette interdiction. — Une proclamation.

12 SEPTEMBRE. — Point de proclamations. Des citoyens vont à l'Hôtel de Ville s'enquérir des causes de cet accident.

13 EPTEMBRE. — Le Comité établit un impôt de 50 c. 0/0 sur la valeur en capital des immeubles de Lyon et un impôt de 50 c. 0/0 sur le capital de toutes les valeurs immobilières au-dessus de 1,000 fr. Le Comité, par compensation, déclare que les objets de literie, linges de corps et

ustensiles de travail engagés au Mont-de-Piété pour des sommes s'élevant jusqu'à vingt francs, seront délivrés gratuitement. — Trois proclamations.

14 SEPTEMBRE. — Le Comité ordonne à tout propriétaire de chevaux de les tenir à sa disposition. — Une proclamation.

15 SEPTEMBRE. — Le Comité supprime l'enseignement congréganiste. — Deux proclamations.

16 SEPTEMBRE. — Le Comité, en réponse à des « calomnies infâmes, » déclare que le citoyen Baudy est, quoi qu'on en dise, un honnête garçon. — Une proclamation.

ACTIF

13 SEPTEMBRE. — Le Comité annonce qu'il va remettre sa démission entre les mains des élus du suffrage universel, les conseillers municipaux.

18 SEPTEMBRE. — Le Comité est mort ! Vive le Conseil municipal !

BILAN
DE LA
MAISON CHEPIÉ, CHAVEROT, PERRET ET Cⁱᵉ
Sous la raison Sociale
CONSEIL MUNICIPAL

PASSIF

16 SEPTEMBRE 1870. — Le Conseil municipal est élu.

17 SEPTEMBRE. — Le Conseil municipal « pend la cré-
maillère » à l'Hôtel de Ville.

18 SEPTEMBRE. — Le Conseil déclare mettre sous séquestre les propriétés mobilières et immobilières des congrégations religieuses existant à Lyon.

20 SEPTEMBRE. — Le Conseil vote, à la majorité d'une
voix, un emprunt forcé de trente millions !

21 SEPTEMBRE. — Le Conseil revient sur son vote et
arrête qu'il n'y aura qu'un emprunt *volontaire* de dix millions. Il annonce, en outre, que le public est admis à
assister à ses séances.

27 SEPTEMBRE. — Le Conseil interdit « toute manifestation du culte à l'extérieur du temple, » et « fait défense
aux congrégations religieuses de se livrer plus longtemps
à l'instruction de l'enfance. »

29 SEPTEMBRE. — Le Conseil donne 3 fr. par jour au

lieu de 2 fr. aux ouvriers des chantiers qui étaient venus, la veille, faire du *potin* à l'Hôtel de Ville.

14 OCTOBRE. — Le Conseil adopte l'impôt de vingt-cinq centimes, établi précédemment par le Comité de salut public, et ordonne à chaque propriétaire d'avoir à déclarer le chiffre de sa fortune.

22 OCTOBRE. — Le Conseil vote une seconde fois ce dit impôt. Les propriétaires ne bougent non plus que des termes.

2 NOVEMBRE. — Le Conseil fait afficher l'emprunt. Les capitaux continuent à faire la sourde oreille.

3 NOVEMBRE. — Le Conseil dit que Lyon ne se rendra pas aux Prussiens et qu'on s'ensevelira plutôt sous les ruines de la ville.

4 NOVEMBRE. — Le bruit court que, le jour du combat, deux conseillers municipaux par bataillon de la garde nationale se rendront aux remparts.

8 NOVEMBRE. — C'est un *canard*.

15 NOVEMBRE. — Le Conseil décide que la statue équestre de Napoléon Ier, qui se trouve à Perrache, sera enlevée pour servir à fondre des gros sous, la caisse municipale étant presque à sec.

16 NOVEMBRE. — Le Conseil fait remplir les églises de sacs de farine.

17 NOVEMBRE. — Le Conseil se réunit en séance extraordinaire pour débaptiser quelques noms de rues et de pla-

ces rappelant une époque tyrannique. La discussion s'engage sur le nom à donner à la *rue Impériale*.

18 NOVEMBRE. — La discussion continue.

19 NOVEMBRE. — La discussion s'anime et continue toujours.

20 NOVEMBRE. — Un membre propose de l'appeler *rue Ex-Impériale*. Rejeté.

21 NOVEMBRE. — On décide que la *rue Impériale*, située au centre de Lyon, s'appellera *rue de Lyon*.

22 NOVEMBRE. — Discussion sur le nom à donner à la *place Impériale*.

23 NOVEMBRE. — On décide qu'elle s'appellera *place de Lyon*.

2 DÉCEMBRE. — Un membre du Conseil achète une redingote neuve et une chaîne de montre.

29 DÉCEMBRE. — Le Conseil va présenter ses hommages à M. Gambetta de passage à Lyon.

1er JANVIER 1871. — Le Conseil « se la souhaite bonne et heureuse. » Pas de séance ce jour-là ; on touche son jeton de présence quand même.

20 JANVIER. — Le Conseil vote un impôt direct et progressif.

27 JANVIER. — Le Conseil décide que « la guerre à outrance est la seule voie de salut. »

10 FÉVRIER. — Le Conseil débaptise et rebaptise trois rues et un quai.

18 FÉVRIER. — Le Conseil vote pour la quatrième fois le maintien du drapeau rouge.

23 FÉVRIER. — Le Conseil vote une cinquième fois le maintien du drapeau rouge.

3 MARS. — Le Conseil décide que le drapeau rouge cessera de flotter sur l'Hôtel de Ville et sera remplacé par le drapeau tricolore. On sait à quelle *instigation* cette décision fut prise.

ACTIF

30 AVRIL. — Le Conseil municipal est mort !

P. S. — Le nouveau Conseil municipal de Lyon, nommé le 7 mai, vaut autant que son prédécesseur.

C'est le plus bel éloge qu'on puisse en faire.

VIII

NOS ILLUSTRES

Qui ne les connait pas, ceux-là ? De la Grand'Côte aux Étroits, de Perrache à Vaise, de Saint-Just à la Guillotière, qui donc n'a pas entendu parler d'eux ? Ce sont les *grands*, les *gros*, les *patrons;* c'est d'abord, ou plutôt c'était

M. CHALLEMEL-LACOUR

EX-PRÉFET DU RHÔNE
EX-COMMISSAIRE EXTRAORDINAIRE DE LA RÉPUBLIQUE
EX-ETC., ETC.

Qu'était M. Challemel-Lacour ?

Au physique, c'était un petit monsieur de figure assez commune, aux larges favoris grisonnants, à l'air insignifiant, à la tournure très-peu aristocratique.

Au moral, c'était, d'après l'affiche annonçant son arrivée, un « vigoureux républicain. »

Au demeurant, le « vigoureux » ne fut qu'un gigantesque zéro, qui, servant tantôt la démagogie, tantôt la bourgeoisie, repoussé tour à tour par l'une et par l'autre, ne connaissait pas le premier mot d'une administration, et qui, servi à souhait par la chute de Gambetta, son tuteur et curateur, eut l'habileté — la seule que nous lui ayons connue — de donner sa démission pour ne pas s'exposer à l'affront de la recevoir.

Ce monsieur se flatta un jour de savoir maintenir l'émeute d'en bas, comme celle d'en haut. S'il ne fut pas renversé, c'est qu'il n'en valait pas la peine et que chacun attendait qu'il tombât sous le poids de sa propre nullité. Ce qui finit par l'écraser.

M. Challemel-Lacour, pendant son passage à la dictature, commit presque autant de bévues et indisposa autant de personnes que n'en commirent et que n'en indisposèrent pendant dix-huit ans les préfets de l'Empire.

Autocrate absolu, ce dictateur au petit pied s'était fait conférer avec les pouvoirs civils les pouvoirs militaires. Il en profita pour faire arrêter le général Mazure, qui avait eu le tort d'obéir aux ordres du gouvernement.

C'est la grande victoire que ce conquérant... de capitaux remporta.

Nous nous trompons. Il destitua encore le général commandant la garde nationale de Lyon, le général Alexandre, qui voulait hâter l'armement des gardes nationaux placés sous ses ordres.

Il destitua des juges de paix.

Il destitua beaucoup.

Il eut la gloire de maintenir en prison, au secret, pendant plusieurs jours, M. Pinard, ex-ministre de l'intérieur, arrêté sur l'ordre d'un autre *illustre*, le général-pharmacien Bordone.

Le « vigoureux » avait été journaliste, et, qui plus est, un fruit sec du journalisme ; arrivé au pouvoir, il ne trouva rien de meilleur goût que de traiter ses ex-confrères par-dessous la jambe.

Ce monsieur gardait pour lui toutes les dépêches. Rien ne sortait de l'antre de sa dictature. Tout pour lui.

Quant à pouvoir approcher de Son Excellence, c'était une impossibilité radicale, contre laquelle toutes les volontés venaient se briser.

A toute demande d'audience, M. Challemel-Lacour faisait répondre qu'il était ou à table, ou... au lit, malade. On compterait le nombre de ceux qui ont pu approcher de son auguste personne.

On racontait, dans les ruelles, que M. Challemel-Lacour avait eu jadis une tante, qui, lassée de sa mauvaise conduite, et fatiguée de payer toujours ses dettes, l'avait déshérité au profit d'un couvent.

C'est par ce fait qu'on expliquait la haine du « vigoureux » contre tout ce qui était couvent, et tout ce qui rappelait de loin ou de près le couvent. Ajoutez à cela une maladie qui le faisait accoucher régulièrement de quatre ou cinq proclamations par semaine, proclamations toutes plus inintelligibles les unes que les autres.

M. Challemel-Lacour, venu avec la « pousse » de la République, s'en alla avec la chute de Gambetta.

Mais le « vigoureux » ne s'en alla pas comme il était venu.

Un détail intime : les mauvaises langues racontent qu'à son arrivée, il commanda des chemises à 6 fr. la pièce, et qu'il les paya sur une avance faite de son traitement. Lorsqu'il partit, il avait sur le dos des chemises payées 18 fr. l'une.

On assure que le « vigoureux » s'est retiré en Suisse dans un château, fruit de *ses économies*.

On assure encore bien d'autres faits, entre autres certains détails très-curieux à propos d'achats de fusils Remington. Mais, mais... on ne peut pas tout dire.

Nous nous sommes déjà trop arrêté sur cette illustre nullité. Laissons M. Challemel-Lacour digérer en paix, dans nous ne savons quel coin de la Suisse, ses *économies* et ses maladresses.

M. LE CITOYEN HÉNON [1]

MAIRE DE LYON

Hélas ! Trois fois hélas !

Pauvre M. Hénon !

Tant qu'il ne fut que député, il lui fut beaucoup pardonné, parce qu'il ne disait rien.

[1] A l'époque où nous avons écrit ces lignes pour la première fois,

Mais, depuis le 4 septembre, il n'en est plus de même. M. Hénon a signé et signe encore, de gré ou de force, toutes sortes d'actes iniques, que sa conscience repousse à coup sûr, mais que son nom endosse.

Cependant, c'est le meilleur homme du monde que le « Père Hénon; » c'est un botaniste très-distingué.

Quel mauvais génie lui a donc fait quitter les fleurs pour herboriser dans la politique ?

Qu'est-il allé faire dans cette galère ?

Hélas ! Trois fois hélas !

Pauvre M. Hénon !

LES CITOYENS CHIÉ-CHIÉ ET GRIGALOU[1]

Deux bons *zigues*, comme on dit à la Croix-Rousse.

Le premier est quelque chose près du maire de Lyon ; le second est quelque chose dans le Conseil municipal.

On raconte qu'un jour, le citoyen Chié-Chié, — qui fut ouvrier en soie, ou *canut*, comme l'on voudra, avant d'être quelque chose près du maire, — fit appeler un garde national à cheval, de service à l'Hôtel de Ville, et qui se nommait M. de X..., un des noms les plus aristocratiques de Lyon.

« Citoyen, lui dit-il, vous allez seller votre cheval et porter le message que voici à l'adresse que voilà. »

Le garde national s'incline, sort, enfourche sa monture et pique des deux.

L'adresse indiquait une rue de la Croix-Rousse. Il faisait un temps abominable, de la neige, du froid, etc... Le cavalier se met héroïquement en devoir de gravir le quartier escarpé.

M. Hénon n'avait pas encore parfait la mesure de toutes les sottises, pour ne pas dire plus, qui sont actuellement à son compte. Aujourd'hui nous serions plus sévère.

[1] Nous avons cru, par pudeur, devoir gazer les noms véritables sous ces sobriquets qui en sont d'ailleurs une onomatopée presque exacte.

Il arrive vers une maison noire et haute. C'était là.

Confier son cheval à un voisin obligeant et escalader un cinquième étage fut l'affaire de quelques instants.

Il frappe. Une dame vient lui ouvrir :

« — Qu'est-ce que c'est que ça ?

« — C'est un message que M. Chié-Chié m'a chargé d'apporter.

« — Ah ! mon mari ! *Eh ben*, si c'était un effet de votre complaisance, veuillez donc me lire ce *passage*, ce *massage*..., je n'ai pas mes lunettes. »

Quand la lecture fut terminée :

« Très-bien, dit la dame. *Eh ben*, vous pourrez dire à mon mari qu'il pourra amener les Grigalou à huit heures : le gigot-z-à l'ail, la salade à l'ail, les-z-haricots au jus, tout sera prêt. Merci. »

Et comme M. de X..., abasourdi, demeurait pétrifié sur le seuil de la porte :

« Ah ! je vois ce que c'est, fait la citoyenne Chié-Chié, vous voulez boire un coup. Entrez donc ! »

M. de X... s'enfuit comme un insensé. Il n'était pas en bas qu'il entend la voix lui crier :

« Ayez donc l'obligeance de passer chez le charbonnier d'en face. Vous lui direz de m'en monter une benne, je n'en ai plus pour faire cuire le gigot. »

M. de X... revint à l'Hôtel de Ville, et entrant au conseil municipal qui était en séance :

« Citoyen Chié-Chié, dit-il...

« — Pssst ! Pssst ! susurre M. Chié-Chié en télégraphiant à l'orateur de se taire.

« — Citoyen Chié-Chié, continue celui-ci, la citoyenne Chié-Chié m'a dit de vous dire que vous pourrez amener les Grigalou à huit heures ; le gigot-z-à l'ail, la salade à l'ail et les-z-haricots au jus seront prêts. »

Et le garde national se retira majestueusement. Il s'était vengé.

Voilà ce que l'on raconte à Lyon ; il va sans dire que nous ne croyons pas un traître mot de toute cette vilaine histoire.

LE CITOYEN BAUDY

C'était un des premiers jours du mois de février 1871.

Quelqu'un vient frapper à la porte de notre cabinet de travail.

« — Entrez !... tiens ! c'est vous ?

« — Oui ! moi, qui suis venu pour vous proposer une partie de plaisir.

« — Et le travail ?

« — Chut ! suivez-moi en aveugle et obéissez-moi les yeux fermés. *Sic volo ! sic jubeo !*

« — Mais...

« — Il n'y a pas de *mais* qui tienne. Je vous emmène ! »

Nous prenons notre chapeau ; nous endossons notre pardessus, et... en avant !

Une brise tiède et bienfaisante papillonnait dans les rues. Un soleil doré et presque chaud ruisselait sur l'asphalte des trottoirs, sur les glaces des magasins, sur les manteaux des belles promeneuses, sur les képis, les sabres et les bottes d'officiers de toutes nuances et de tout étage.

La rue de Lyon (l'ex-rue Impériale), à la verdure près, ressemblait à un chemin du Perche, au mois de mai : boutons d'or, marguerites, ruisseaux, rien n'y manquait.

Une vraie matinée de printemps, quoi !

Notre ami, qui s'était emparé de notre bras, gardait le silence. Nous, nous allions le nez au vent, joyeux d'échanger pour quelques instants le *renfermé* du cabinet contre le grand air de la rue.

Déjà nous avions doublé le café Berger, le palais de la Bourse, nous allions dépasser le café Casati et toujours notre ami se taisait. Ce n'était pas là notre affaire.

« — Me direz-vous enfin où nous allons ? M'expliquerez-vous la cause de ce silence inaccoutumé et obstiné ?

« — Chut !

« — Ah ! c'est que...

« — Faites comme moi : je me recueille ! »

Il se recueille !! Mais où allons-nous donc ?

S'agit-il d'une présentation officielle à quelque *grand* de la ville ? Allons-nous en ambassade auprès d'un potentat républicain ? C'est impossible, car notre ami nous aurait dit de prendre l'habit de rigueur et la cravate blanche. Qu'est-ce que tout cela ?

Et nous allions toujours, en silence, comme des gens qui vont présenter une requête difficile à un magistrat haut placé, ou comme des soldats qui marchent en se préparant à une entreprise dangereuse et capitale.

Quelques instants après, nous étions au pied des degrés qui conduisent à l'Hôtel de Ville. Nous entrons, nous nous perdons au milieu d'un océan de galons et de sabres...

Nous parvenons cependant à suivre notre ami qui, en homme habitué aux êtres de la maison, enfile la première porte à gauche, et nous voilà gravissant un escalier en colimaçon.

Arrivé à l'entresol, notre ami s'arrête sur le seuil d'un long corridor, semblable à un corridor de cloître, et percé de plusieurs portes.

« — Recueillez-vous !

« — Bien !

« — Le moment est venu d'être plus sérieux que jamais. Pas un mot, pas un mouvement, ou... »

Un geste presque terrible acheva sa pensée. Vrai ! nous ne savions plus ce qui allait advenir.

Notre ami s'arrête devant une des portes du corridor, où se lisaient, écrits en belle bâtarde, ces mots : *On n'entre pas ici.*

« — Ce doit être là ! dit-il

« — Peut-être bien ! » répondons-nous machinalement, comme un écho.

Notre ami tourne le bouton ; la porte résiste : elle était fermée à clé. Nous trouvons, à part nous, la recommandation de l'écriteau au moins superflue, et nous suivons toujours notre ami qui venait de s'arrêter droit, immobile, devant une seconde porte. Son regard brillait d'un éclat extraordinaire, ses dents mordaient convulsivement sa moustache, et nous indiquant du doigt une pancarte collée sur la porte :

« Lisez ! » nous dit-il, d'une voix triomphante.

Nous lisons : *Bureau du citoyen Baudy.*

A peine avions-nous fini, que notre ami tourne le bouton, ouvre la porte, et...

Oh !...

Une forte bouffée sort de la pièce et vient nous frapper en plein visage : c'est une odeur de poix, de *pège*, de cuir, un mélange sans nom qui nous étreint à la gorge !

Sur une table recouverte d'un tapis de bureau de couleur verte, est un homme accroupi à la façon orientale. Sur son genou est un énorme caillou ; sur ce caillou, un morceau de cuir qu'il frappe à coups redoublés. A droite est un baquet plein d'une eau noire et fétide dans laquelle nagent de futures semelles ; à gauche, un encrier, une plume, un cahier de papier !

Devant la fenêtre, trois autres ouvriers, parfaitement installés, tirent le ligneul à qui mieux mieux.

Le sol est jonché de bottes, de souliers, de bottines, d'empeignes, de *formes*, de détritus de toute nature.

On n'entend que le bruit du ligneul et du marteau : pssss ! pssss ! pan ! pan !

Tout autour de la pièce sont rangées de grandes balles de chaussures, attendant leur sort.

Cet appartement, situé à l'entresol de l'Hôtel de Ville de Lyon, c'était le « bureau » du citoyen Baudy, naguère secrétaire général de la préfecture, et directeur de la police, jadis et aujourd'hui conseiller municipal.

. . . .

On nous permettra de ne pas pousser plus loin cette énumération de nos hommes illustres.

Nous laissons cette tâche à Vapereau qui pourra en publier, si bon lui semble, un dictionnaire à part.

Seulement, nous le demandons à tout républicain de bonne foi :

Nous ne serions pas fiers, à Lyon , de posséder toutes ces gloires ?

Allons donc !

Rome a eu ses Cicéron et ses César ; la Grèce ses Démosthène et ses Homère, l'Angleterre ses Byron et ses Shakespeare, le Portugal ses Camoëns, l'Écosse ses Ossian.

Lyon, lui, peut désormais jeter, superbe et triomphant, aux échos de l'histoire, les noms des Chié-Chié, des Grigalou, des Chaverot, des Perret et des Baudy.

IX

UN POST-SCRIPTUM DE QUARANTE-HUIT HEURES

Les journées de mars à Paris venaient de commencer ; le drapeau rouge flottait sur les principaux édifices de notre capitale et des délégués de la trop fameuse Commune étaient envoyés dans tous les départements.

Lyon voulait n'avoir rien à envier à Paris : Lyon eut son regain de drapeau rouge.

Dans la journée du mercredi 22 mars, une réunion d'officiers de la garde nationale était convoquée à l'Hôtel de Ville.

Par qui cet ordre de convocation avait-il été donné ? Nous ne pouvons pas le dire encore. Une enquête a été ouverte sur cette affaire, enquête qui sera probablement terminée aux calendes grecques, mais qui nous interdit de préjuger la question.

Un nombre d'officiers, qu'on évalue à près de quatre

cents, se rendit à cette réunion. Il y eut de nombreuses et violentes discussions. Le mot d'ordre avait été donné aux plus tarés d'entre eux : il ne s'agissait de rien moins que de proclamer la *Commune*, à l'instar de Paris.

Quelques-uns de ces officiers se retirèrent devant une conjuration de cette espèce; la plupart demeurèrent, et, lorsqu'ils sortirent de l'Hôtel de Ville, ils se placèrent sur les marches du perron, le sabre nu, criant : *Aux armes !*

Alors chacun d'eux, appartenant aux bataillons de la Guillotière et de la Croix-Rousse, se rendit à sa compagnie respective et fit battre le rappel.

Cela se passait vers quatre heures de l'après-midi.

Pendant que les insurgés se rassemblaient de toutes parts, on attendait, dans le centre de la ville, des ordres qui ne venaient pas.

On battait la générale, on se réunissait en armes, mais on manquait de direction.

Les insurgés s'étaient déjà emparés d'un petit fortin situé aux Charpennes, la nuit approchait, et il n'y avait encore, sur la place des Terreaux, qu'une foule énorme de curieux et quelques compagnies empruntées aux bons bataillons de la garde nationale.

Les magasins, voisins de la place des Terreaux, se fermaient peu à peu.

A Perrache, l'autorité militaire faisait occuper la gare et distribuait dans la rue de Bourbon quelques piquets de marins. C'était tout.

Il est neuf heures du soir.

Le 20ᵉ bataillon de la garde nationale (Guillotière) arrive sur la place des Terreaux, aux cris de : *Vive la Commune*.

Un silence morne de la foule les accueille.

Pendant ce temps, des bataillons de la Croix-Rousse s'organisaient et enfin descendaient.

Leurs frères de la Guillotière n'attendaient qu'eux. On fraternise et on se met en devoir d'entrer à l'Hôtel de Ville.

Nous nous joignons aux insurgés et nous arrivons avec eux sur le perron.

Il y eut alors, dans la foule, un moment d'attente. Qu'allait-il advenir ? Si les compagnies de garde à l'Hôtel de Ville se refusaient à livrer passage aux émeutiers ?

C'était de la naïveté : nos émeutiers n'y allaient qu'à coup sûr.

Les compagnies de garde à l'Hôtel de Ville appartenaient à la Croix-Rousse : au lieu de croiser la baïonnette, ils ouvrirent les portes toutes grandes, et l'on entra triomphalement au son des tambours et des trompettes.

Nous avions pénétré dans la préfecture avec les émeutiers ; c'est là que nous assistâmes à un des plus curieux spectacles auxquels il soit donné d'assister.

Nos *communards* étaient presque fous de joie. Ils s'embrassaient, ils se félicitaient mutuellement : « Ah ! nous l'avons maintenant, la Commune ! — Il nous faut la garder, cette fois. — Gare au préfet, gare au père Hénon ! »

Des sentinelles étaient placées, par vingtaines, à toutes les issues. Il était permis d'entrer, pourvu qu'on eût le mot d'ordre, mais il était interdit de sortir.

De toutes parts, on cherchait la chambre de M. le préfet Valentin. Enfin on la trouva et on consigna M. Valentin chez lui sous bonne garde.

Puis, on monta aussitôt dans la salle Henri IV, lieu ordinaire des assemblées du Conseil municipal, et là commença une seconde édition de la tour de Babel.

On ouvrit la porte donnant sur le balcon, et une centaine d'individus, se bousculant, se hissant sur la balustrade, annoncèrent la proclamation de la Commune, la destitution du préfet, du Conseil municipal, etc., etc...

Les cris qui leur répondirent de la foule étaient mêlés : c'étaient des applaudissements, des sifflets, des huées. Une compagnie du 3e bataillon, demeurée à peu près seule à l'entrée de la rue de l'Hôtel de Ville, se fit remarquer par sa courageuse attitude. Ils étaient là quatre-vingt gardes nationaux au plus, qui tous criaient : *A bas la Commune! Vive l'Assemblée nationale!*

A ce propos, un citoyen placé à côté de nous, sur le balcon, nous interroge :

« — Pensez-vous que ces gardes nationaux tireraient sur nous ?

« — Peut-être bien ! »

Notre homme s'éclipsa à toute vapeur. Nous ne le revîmes plus de la soirée.

Tous les autres étaient à peu près de cette force-là.

La cérémonie de la proclamation de la Commune terminée, on rentra dans la salle du Conseil municipal, où le tumulte redoubla.

On se bousculait, on se broyait les uns contre les autres ;

on montait sur les tables, sur les fauteuils ; les baïonnettes des fusils perçaient les tapisseries, les housses des lustres ; on fouillait dans les sous-mains de bureau des conseillers municipaux pour s'emparer des papiers, caricatures, etc. qu'on y pouvait trouver ; on parlait tous à la fois, on s'apostrophait, on s'injuriait, on se recommandait le calme.

C'est au milieu de ce *capharnaüm* de beuglements et de vociférations que commença l'élection du fameux Comité.

Là, ce fut encore bien autre chose.

« Moi, je veux Parraton, criait l'un, c'est un bon b...

« —Non, moi je veux Garel ; celui-là, il saura faire respecter la Commune.

« — Moi j'entends qu'on nomme Crestin, le maire de la Guillotière. V'là un homme.

« — La Commune ! la Commune ! criait-on d'en bas.

« — On est en train de vous la faire. » répondait-on d'en haut.

D'énergiques protestations s'élevèrent de plusieurs coins de la salle contre cette manière de voter ;

« Comment ! s'écrie un de ceux-là mêmes qu'on proposait comme membre de la Commission, vous n'êtes ici que quelques gardes nationaux de quelques quartiers, et vous prétendez nommer des individus que vous ne connaissez pas pour la plupart et dont vous saisissez à peine les noms !

« Je proteste ! Vous ne pouvez pas ainsi imposer vos volontés à toute une ville. »

C'était peine perdue ! Après trois quarts d'heure d'un

6

accouchement des plus laborieux, on se rue vers le balcon et là on proclame les noms des élus.

Une cantinière, placée à nos côtés sur le balcon, se faisait remarquer par ses acclamations de : *Vive la Commune !* Elle nous ordonne très-cavalièrement de l'imiter.

Nous nous exécutâmes de bonne grâce, et en récompense de notre zèle, la cantinière *communarde* nous « paya un petit verre, » dont notre palais a gardé souvenance.

Une fois que l'on eut annoncé que les citoyens Crestin, Durand, Perret, Velay, Bouvatier (tous les quatre conseillers municipaux) [1], Parraton, Blanc, Tissot, Favier, Garel, Jacquet, Poncet, Micoud, devaient administrer la « Commune » de Lyon, avec Ricciotti Garibaldi pour général en chef, on apporta sur le balcon de l'Hôtel de Ville un immense drapeau rouge, qu'on était parvenu à se procurer au prix de mille peines et on invita les curieux à aller se coucher, pendant que le Comité allait veiller au « salut de la France. »

Il était une heure du matin. Nous nous retirions accablé de fatigue et de dégoût, lorsque nous vîmes un garde urbain qu'on venait de découvrir dans la garde-robe du préfet.

C'était un nommé Pierre Morin, demeurant à Lyon, quai Pierre-Scize, 87, qui venait de voler deux paletots noirs, un cache-nez, deux ceintures de flanelle, une chemise de flanelle, quatre serviettes, deux couteaux de table, une cuiller en vermeil, trois clés, un morceau de savon et un encrier appartenant à M. Valentin, préfet du Rhône.

---

[1] Disons, pour être juste, que deux d'entre eux, les citoyens Crestin et Bouvatier, refusèrent, par lettre, l'honneur qu'on leur faisait.

Quelle police, grands dieux !

Enfin, nous parvînmes à nous glisser hors de l'Hôtel de
Ville ; nous respirâmes le grand air avec une volupté, dont
peuvent seuls se faire une idée ceux qui sont restés
par accident enfermés quelques heures dans un bouis-
bouis infect.

Le lendemain, les habitants de la place des Terreaux
virent, le matin, le drapeau rouge flotter sur le beffroi de
l'Hôtel de Ville et sur le balcon de la place.

Le Comité communard, qui avait fonctionné toute la
nuit, constata tout de suite qu'il s'était trop hâté et qu'il
n'était pas né viable.

Sa première mesure, dite de « salut public, » fut de délivrer aux infortunés envahisseurs et gardiens de l'Hôtel
de Ville, des bons de pain et de viande. Ces pauvres dia-
bles, qui avaient passé toute la nuit, appuyés sur leurs
fusils, à attendre un ennemi qui ne voulait pas paraître,
n'en pouvaient plus de fatigue et de faim.

Un grand nombre d'entre eux, qui avaient été trompés
par leurs officiers sur les véritables intentions de la manifestation, se retirèrent, au matin.

Les autres reçurent avec enthousiasme les « bons » que
le Comité voulait bien leur délivrer.

Mais, quel ne fut pas leur désenchantement lorsque,
présentant leurs chiffons crasseux aux boulangers et aux
bouchers du quartier des Terreaux, ils se virent rire au nez
et tourner le dos.

Oh ! ce n'était pas ainsi qu'ils entendaient la Commune !

La plupart, furieux et affamés, regagnèrent piteusement
leur domicile, jurant qu'on ne les y prendrait plus. Cent
trente gardes nationaux seulement, plus ignorants ou plus
entêtés que les autres, restèrent à l'Hôtel de Ville, pour
former la garde prétorienne du Comité.

Afin de suppléer au nombre par la « forme, » ils exhibè-
rent, sur les places des Terreaux et de la Comédie, les
quelques canons qu'ils avaient découverts dans le fortin
des Charpennes.

Puis, nos braves, hargneux comme des caniches (ils
n'avaient pas beaucoup mangé !) rogues, raides, bou-
deurs, montèrent, pendant deux grands jours, la garde
autour de ces pauvres petites pièces d'artillerie qu'on les
eût bien défiés de savoir manœuvrer.

Le Comité essaya de lancer une affiche dans Lyon ; aucun
afficheur ne voulut se charger de la besogne, et deux seuls
piètres exemplaires de ce *fœtus*, qu'il ne vaut pas la peine
de rapporter ici, furent apposés sur les murs de l'Hôtel
de Ville à l'aide de « mie de pain mâchée. »

Ils voulurent s'emparer du télégraphe, et de la gare de
Perrache ; leurs agents furent très-proprement appréhen-
dés par M. Andrieux, procureur de la République, qui,
dans ces deux journées, se montra tout à fait à la hauteur
des circonstances,—rendons-lui cette justice, —mais qui,
sous l'Empire, quelques mois auparavant, eût certainement
traité ce fait-là d'arbitraire et d'odieux.

Nos communards tentèrent aussi d'enlever les condamnés de l'affaire Arnaud [1], qui se trouvaient à la prison

[1] On assure qu'ils voulaient nommer Deloche préfet du Rhône !

Saint-Joseph, et M. Andrieux déjoua encore ce plan en expédiant nuitamment les condamnés à la prison de Riom. M. Andrieux savait par expérience qu'on peut être trop facilement enlevé de la prison Saint-Joseph.

Les choses ne tournaient pas bien, comme on le voit, pour les communards.

Dans la ville, le premier moment de surprise se dissipait. On comprenait instinctivement que ces hommes, servis par les circonstances, avaient pu effectuer un coup de main, mais qu'ils étaient dans l'impossibilité de se maintenir au faîte de leur victoire.

Diverses réunions d'officiers, appartenant aux bataillons conservateurs de la garde nationale, eurent lieu. Elles élurent un général, en remplacement du général précédent, M. Baudesson.

Enfin, un événement heureux vint trancher entièrement le nœud de la difficulté et éviter à la garde nationale de Lyon l'occasion de montrer son courage.

Le samedi 25 mars, les mobiles lyonnais de Belfort devaient arriver. C'étaient de véritables soldats, aguerris par le siége, bien disciplinés : ils avaient répondu du déblaiement de l'Hôtel-de-Ville.

Le Comité insurrectionnel, réduit à l'agonie par deux jours de règne, n'attendit pas cette solution qui lui paraissait dangereuse.

Le samedi 25 mars, au matin, les habitants de la place des Terreaux, à leur réveil, s'aperçurent, en se frottant les yeux, que le drapeau rouge qui, la veille encore, flottait sur l'Hôtel de Ville, était remplacé par le drapeau tricolore.

6.

En même temps, les journaux de Lyon, du matin, publiaient le billet suivant, — dont nous respectons le texte original, — laissé par le Comité sur la table du Conseil municipal, à l'adresse de M. le préfet.

COMMUNE DE LYON,

Lyon, 25 mars.

Considérant que la Commune de Lyon, acclamée par la garde nationale, ne se sent plus soutenue par la garde nationale ;

Considérant que la garde nationale, en manquant à ce devoir de soutenir la Commune qu'elle a acclamée ;

Les membres de la Commune se déclarent déliés de leurs engagements envers leurs mandants, et résilient tous les pouvoirs qu'ils tenaient d'eux.

La Commune provisoire,

Signé : BLANC, PARRATON.

Ainsi finit la comédie lyonnaise, comme on appela ces quarante-huit heures de Commune.

Le Comité insurrectionnel était venu de nuit, comme un voleur ; c'est également de nuit qu'il prit la fuite, profitant des ténèbres pour cacher sa honte.

Il lui était impossible de finir d'une manière plus piètre.

Les honnêtes gens virent quelles brutes ils avaient supportées pendant deux jours. Cela leur servira-t-il de leçon ?

Ajoutons que quelques-uns seulement des officiers de la garde nationale, qui avaient trempé dans cette affaire, furent arrêtés.

Aucun membre du fameux Comité, que nous sachions, ne fut incarcéré.

Toujours la même chose !

D'honneur ! C'est à croire souvent qu'on voudrait favoriser le retour des émeutes.

X

LE 30 AVRIL A LA GUILLOTIÈRE [1]

En thèse générale, on peut dire que les élections amènent les réunions publiques, et que les réunions publiques
amènent les émeutes.

Il en a presque toujours été ainsi à Lyon.

Les élections municipales du 30 avril provoquèrent des
réunions publiques nombreuses et bruyantes et ces réunions préparèrent l'émeute de ce jour-là.

Les communards de Lyon étaient jaloux des communards de Paris.

[1] Ce chapitre ne faisait pas partie des précédentes éditions de notre
ouvrage.

Désireux de livrer au public quelque chose de complet, nous avons cru
devoir grossir cette nouvelle édition du récit de l'émeute de la Guillotière.

Espérons que ce sera la dernière goutte de sang versée à Lyon et que les
événements ne nous forceront pas d'ajouter une seconde page sanglante à
ces six mois de drapeau rouge.

Ces derniers avaient envoyé quelques délégués dans la province; ceux de ces délégués à qui échut l'honneur de « remuer » Lyon, débutèrent donc par faire ouvrir des réunions publiques.

Les principales se tinrent à la salle Valentino, cette « chaudière d'émeutes » , à la salle Valentino, d'où partit le signal du meurtre du commandant Arnaud, et d'où devait partir le signal de l'émeute de la Guillotière.

Le samedi, 22 avril, il y avait réunion à la salle Valentino. L'ordre du jour portait : « Les élections municipales. — Devons-nous voter, oui ou non ? »

A huit heures et demie, nous étions à notre poste favori et nous écoutions, comme toujours, de toutes nos oreilles et de l'air le plus niais qu'il nous était possible de prendre pour nous mettre un peu au diapason de l'auditoire.

Le citoyen Lagagnié, qui fut officier de paix dans nous ne savons plus quel arrondissement de Lyon, tenait la parole :

« — Citoyens, on vient de vous dire qu'il ne faut pas voter. C'est un tort. Il faut voter. Car, si vous ne votez pas, la réaction en profitera et fera passer ses hommes.

« Votez donc, et vous vous en trouverez bien. Vous pouvez choisir parmi les conseillers municipaux actuels, qui sont de notre bord et qui reconnaissent la Commune de Paris.

« Parce que, voyez-vous, parmi nos conseillers municipaux, il y en a de bons...

VOIX NOMBREUSES : « A la question !

LE CITOYEN LAGAGNIÉ : « — J'y suis, dans la question, et

puisque vous m'interrompez, je conclus, et je vous dis qu'il faut voter. » (On applaudit.)

Un autre orateur: « —Moi, citoyens, je dis qu'il ne faut pas voter : l'abstention, c'est ce que je crois raisonnable. » (On applaudit.)

Un citoyen, notre proche voisin, tire de sa poche une petite fiole, qu'il débouche avec soin, et dont il verse une partie du contenu dans le creux de sa main ; c'est du tabac à priser.

L'obligeant citoyen se tourne vers nous, et nous tendant sa main noire de tabac et d'autre chose :

« — En usez-vous ?

« — Merci ! »

Nous avouons que quoique peu *regretteux* d'ordinaire — en réunion publique, s'entend, — nous ne pûmes cette fois surmonter notre répugnance : c'était trop sale, vrai !

Un orateur, pendant ce temps-là, avait grimpé à la tribune :

« — Citoyens, pourquoi que vous ne voulez pas voter ? Vous serez donc toujours des faignants ? (Oh !) Vous craignez la peine, *te pas ?* Eh ben ! vous serez encore battus, c'est moi que je vous le dis ! » (On applaudit.)

Un jeune blanc-bec succède à l'orateur précédent :

« — Citoyens, ze vous dis, moi, qu'il ne faut pas voter, parce que, citoyens, si vous votez, vous reconnaissez par cela même le gouvernement de Versailles. Or, citoyens, il ne faut pas reconnaître le gouvernement de Versailles ; moi, ze ne reconnais que celui de Paris. Ne nommez donc pas des conseils *municipals :* l'abstention, voilà ce que vous devez faire ! »

Un autre citoyen s'empare de la tribune :

« — Citoyens, je vous l'*ons* dit et je vous le *répétions,* il ne faut pas laisser l'Assemblée devenir *dictatrice.* Faut voter ! Je vous dis que ça. »

LE BLANC-BEC : « — Moi, ze vous dis qu'il ne faut pas voter. »

Un dialogue, du même genre, s'établit dans la salle.

La moitié de l'auditoire, en chœur :

« — Faut voter !

L'autre moitié, également en chœur :

« — Faut pas voter ! »

« — Faut voter !

« — Faut pas voter ! »

Un quart d'heure de tumulte, et le calme finit par se rétablir.

Un orateur : « — Citoyens, chacun est libre de venir ici entendre les susceptibilités de chaque et chaque orateur. Moi, je reconnais cela. Veuillez donc m'entendre, comme moi j'entends les autres. » (Parlez !)

« Je dis donc que l'abstention est un principe (*C'est vrai !*), or, comme la réaction lève la tête, j'en conclus que l'abstention est un principe. Mais il faut en même temps préparer des noms pour le cas où vous seriez obligé de voter.

« L'abstention est un principe, mais il faut tout prévoir. (Il tousse.)

« Citoyens, je suis enrhumé : faites pas attention !

« L'abstention est donc un principe... (*Vous l'avez dit!*) c'est un principe quand même. Mais il faut être prêt à voter.

« J'en suis, moi, pour que les conseillers municipaux ne soient pas payés ; ça vaut mieux : et quand vous saurez un de vos mandataires dans le besoin, est-ce que vous n'irez pas mendier pour lui ?

« L'abstention est donc un principe... (*Vous l'avez dit!*) Je le sais, mais je le réitère quand même.

« Voyez-vous, citoyens, on nous martyrise tous, et j'en suis content. Ce n'est pas que j'en sois pour la *martyrisation*, mais, pour un de nous qu'on martyrisera, il faudra en martyriser cent autres. Voilà comme j'entends la martyrisation. (Bravo !)

« Ne croyez donc pas à la réaction, qui se sert de l'*élastiquicité* des lois pour elle. Ici nous sommes dans le chantier des principes. Or le principe, c'est l'abstention, mais il faut être prêt à voter, car si le principe fait défaut... » (Assez ! assez !)

L'orateur se retire triomphant.

Le blanc-bec réapparaît : « Citoyens, ze vous dis que si nous ne votons pas, la réaction n'aura pas la mazorité des voix. Il ne faut pas reconnaître Versailles. Ne votez pas. »

Une femme à côté de nous : « —Parle-t-il bien, ce jeune homme ! »

Sa voisine : « — Oh! il parle d'or.

« — Quel métier qu'il fait ?

« — Il est canut !

« — Oh ! parle-t-il bien, ce gredin-là ! »

Le voisin à la prise nous donne une seconde édition de la fiole :

« — En usez-vous ?

« — Merci ! »

Le voisin commence à nous regarder de travers. Cela peut devenir dangereux.

Un orateur : « Citoyens, vous n'avez pas pour deux sous de sang dans les veines à Lyon. Vous n'êtes pas républicains !

L'auditoire : « — C'est vrai !

L'orateur : « — Eh ben ! il faut l'être, républicain, tonnerre de D... ! Vous vous f..... du monde, en regardant Paris et en vous croisant les bras. S.... tonnerre ! vous êtes là comme des courges ! (Tumulte.)

Voix nombreuses : « — Nous ne sommes pas des courges !

L'orateur : « — Alors, vous êtes des melons !

Voix menaçantes : « — A l'eau ! A la porte !

L'orateur : « — Oui, je l'ai dit, mais si vous êtes des melons (grognements), c'est que vous manquez de chefs ! »

Un ivrogne, qui tentait depuis quelques instants d'escalader la tribune, y parvient.

« Ci... to... yens !

L'auditoire : « — Il est saoul ! A la porte !

L'ivrogne : « — Qu'en savez-vous ?

« — A la porte ! »

On parvient à descendre de la tribune le malheureux disciple de Bacchus.

7

Le voisin à la prise : « — En usez-vous ?

« — Merci. »

Mais cette fois, en refusant, nous ne pouvons nous empêcher de rougir. L'air du voisin devient de plus en plus menaçant. La prochaine fois nous serons obligé d'accepter.

Un orateur dit, à la tribune, quelques mots que nous ne pouvons parvenir à comprendre. En s'en allant, il donne du pied contre une planche et s'étend par terre. (Mouvement de commisération dans l'auditoire.)

UN ORATEUR : « — Citoyens, vous ne savez pas ce que vous dites ici. Vous applaudissez ceux qui vous disent de voter, vous applaudissez ceux qui vous disent de ne pas voter. Vous êtes fous. (Oh !) Oui, parce que ceux qui viennent ici pour nous espionner s'en vont avec le mépris de nos réunions. (C'est vrai !)

« Soyez donc sérieux, occupons-nous du moment présent. Les conseillers municipaux que nous pouvons nommer peuvent être morts dans six moix. Qu'est-ce que ça nous fait ? »

Le voisin à la prise tire sa fiole. Nous tremblons. Mais... ô bonheur ! la fiole est vide !

Nous faisons preuve de zèle : « Citoyen, pouvez-vous m'offrir une prise ? Je prends mal à la tête !

LE VOISIN : « — Plus, mon cher, il n'y en a plus.

« — Malheur ! »

Le voisin nous regarde de meilleur œil.

Un orateur vient dire que, lui, il prendra son fusil pour une cause qu'il sera sûr de gagner. (Rires dans l'auditoire... *C'est pas malin !*)

« — Citoyens, vous m'avez mal compris. La langue a pu me tourner, mais le cœur ne tourne jamais ! » (Bravo !)

Un citoyen succède à celui-ci ; c'est un délégué de différents comités.

«—Nous fonctionnons en ce moment dans tous les quartiers : NOUS AVONS AVEC NOUS LES DÉLÉGUÉS DE PARIS. Nous avons des capitaines de la garde nationale, des sergents ; nous attendons même ce soir la réponse d'un commandant. Les noms, je pourrais vous les dire, mais... (*Ne les dites pas !*)

« Tous les comités ont conclu pour l'abstention. (Bravo !) Dites-nous, vous, quelles résolutions vous prenez ! »

Le président met aux voix la question de savoir si l'on votera, oui ou non.

L'assemblée se prononce pour la négative : ils ne voteront pas.

Le citoyen de tout à l'heure reprend :

« — Eh bien, vous êtes de bons b....! Dites-moi maintenant quel jour vous voulez tenir une autre réunion, pour que je vous apporte les résolutions des comités.

« — Demain, dimanche !

« — Non, lundi !

« — Dimanche !

« — Lundi ! »

Le propriétaire de l'établissement, qui a un bal le dimanche, est dans de pénibles angoisses.

Le citoyen Rivière, — qu'on constate bien le fait ! — le citoyen Rivière, l'acquitté de l'affaire Arnaud, apparaît à la tribune et dit qu'il faut se réunir lundi.

On vote la réunion pour lundi.

La séance est levée vers dix heures.

Le voisin à la prise nous donne une poignée de main. Il a fallu que nous l'avalions quand même.

Rien de plus idiot, on le voit, que ces assemblées, et pourtant, au fond, rien de plus dangereux.

Mais continuons :

Le lundi soir, 24 avril, lorsque nous entrâmes dans la salle Valentino, un orateur était en train de dire à l'auditoire qu'il « fallait savoir distinguer le vrai de la vérité. »

« Oui, citoyens, clamait-il, il y a une grande différence entre l'un et l'autre, de même qu'entre Versailles et Paris.

« C'est donc pour cela qu'il ne faut pas voter. (Voix diverses : Si! il faut voter! — Non! il ne faut pas voter!)

L'ORATEUR : « — Moi, je dis que tous ceux qui voteront seront des amis de Versailles. »

Ces paroles provoquent un tumulte indicible. Tous ceux qui sont de l'avis de voter se récrient énergiquement. On s'injurie, on se houspille, on se traite réciproquement de mouchard, de vendu, de traître.

Parmi les plus enragés à crier qu'il ne faut pas voter, nous remarquons un des acquittés de l'affaire Arnaud, le nommé Suques qui se disait, pendant les débats, affligé d'une grande surdité.

Suques crie comme un sourd, il est vrai, mais il entend parfaitement tout ce qui se dit.

Le silence une fois rétabli, un délégué de l'*Alliance républicaine* vient lire le programme de son comité.

Le programme est des plus radicaux, cela va de soi : proclamation de la Commune , interdiction de tout enseignement religieux, mandat impératif, etc.

Pendant la lecture de ce programme , nous apercevons une grosse mouche et un papillon qui jouent aux barres autour d'un bec de gaz.

Ouh ! Ouh ! Ouh ! Ouh ! fait la mouche.

LE PRÉSIDENT : « — Citoyens , un peu de silence, s'il vous plaît !

LA MOUCHE : « — Ouh ! Ouh !...

LE PRÉSIDENT : « — Qui est-ce qui ronfle ici ? »

Silence général.

Le délégué continue sa lecture, puis lorsqu'il a fini :

« — Citoyens, vous devez donc voter. Je ne suis pas de l'avis du préopinant qui dit le contraire. Si vous ne votez pas, c'est la réaction qui est victorieuse.

« Beaucoup viennent vous dire qu'il ne faut pas voter, et ils feront le contraire. »

La mouche de tout à l'heure a élu domicile sur le nez d'un membre du bureau, qui dort. Rien de plus drôle que la figure de ce citoyen. Tout en dormant, les traits de son visage se contractent sous le chatouillement des pattes de la mouche.

Le papillon tournoie toujours autour du gaz. Il s'est déjà brûlé la moitié d'une de ses ailes.

Un orateur, au nez pointu, réclame la parole :

« — Citoyens, moi je ne suis pas un ami de Versailles, et pourtant je crois qu'il faut voter. »

La mouche, chassée du nez du dormeur qui s'est éveillé,

entreprend le siége d'un nouveau nez : elle s'attaque à celui de l'orateur, qui s'interrompt à chaque instant pour battre l'air de la main afin d'attrapper l'insecte.

« — Oui, citoyens, il faut... sale mouche, va !... il faut voter... Coquine, as-tu fini ?... car, sans cela, la réaction qui lève la tête... »

L'orateur lève la main pour gober la mouche, dans un effort suprême ; il manque son coup et peu s'en faut qu'il ne roule au bas de l'escalier.

L'équilibre une fois repris, l'orateur persécuté recommence :

« — Citoyens, votez donc ! vous verrez que vous vous en trouverez bien. Je suis de l'avis du préopinant... Quelle bête tenace !... »

Le préopinant apparaît furieux à la tribune.

L'orateur : « — Qu'est-ce que vous me voulez ?...

« — Vous m'appelez bête tenace !

« — Eh ! non, c'est la mouche ! »

Soupir de soulagement dans l'auditoire qui craignait une rixe. Le préopinant parait satisfait de l'explication.

La mouche : « Ouh ! ouh ! ouh !

Le Président : « — Citoyens, je ne puis pas obtenir le silence ce soir ! »

Un orateur demande la parole et monte à la tribune.

C'est un jeune homme d'environ vingt-cinq ans. Un léger duvet, figurant la moustache, ombrage sa lèvre supérieure. Cette pauvre parodie de moustache est continuellement tourmentée par l'orateur, qui n'est autre qu'un nommé Dumont, délégué de la Commune de Paris !

« — Citoyens, je ne viens pas ici combattre le programme de l'*Alliance républicaine*, je n'ai pas mandat pour cela. Mais je veux vous dire mon opinion sur le principe.

« Il faudra peut-être voter, mais en principe, en votant vous reconnaissez le gouvernement de Versailles.

« De plus, vous annoncez trop d'avance ce que vous voulez faire. Quand vous aurez une émeute en vue, de grâce, ne l'annoncez pas.

« D'ici à dimanche se passeront certainement de graves événements. (On voit que l'affaire était préméditée.) Tenons-nous prêts, et profitons de tout. Vous avez des conseillers municipaux qui sont déjà furieux de se voir mis à la porte. Je sais bien que ce qu'ils regrettent, ce sont leurs fauteuils, ces bons petits fauteuils, mais il faut se servir d'eux comme ils sont. Vous avez là des chefs tout trouvés.

« Tenez peu de réunions publiques, on se moque de vous. Ce n'est pas qu'ici vous ne soyez pas capables d'un coup de main, mais vous avez moins de courage révolutionnaire qu'à Paris. Quand même, je suis sûr que vous arriverez à faire quelque chose.

« Et vous, écrivains réactionnaires, qui êtes ici à nous entendre et qui travestissez nos réunions dans vos numéros à trois sous, nous nous rions de vous.

« Vous ne nous rencontrerez pas la plume à la main, mais vous nous rencontrerez sur la barricade, et alors nous vous écraserons comme des serpents. »

Cette sortie, toute à notre adresse, provoque un tonnerre d'applaudissements et nous fait beaucoup rire.

Pauvre garçon !

Mais écoutons encore le délégué de Paris ; il n'a pas fini. La mouche grincheuse semble vouloir s'attaquer à la moustache du jeune tribun. Gare tout à l'heure !

« — La République est indiscutable. Traître est celui qui ne le reconnaîtrait pas. Et celui qui dirait le contraire, eh bien ! celui-là, on ne serait pas citoyen, si on le laissait dire !

« Je ne veux pas faire de l'excitation ici. (Oh ! non !) Voici ce que je vous dis : Si vous êtes de bons citoyens, dimanche, au lieu de déposer vos bulletins dans l'urne, vous les mâcherez et vous en ferez des bourres de fusil ! »

Pas d'excitation ! Quel honnête garçon !

Le délégué parisien descend de la tribune, suivi d'un de ses complices.

Il passe près de nous, et, en passant, nous marche sur le pied.

En face d'une grimace des plus expressives de notre part, le jeune délégué parisien se confond en excuses.

Puis il entre dans une encoignure de la salle, assez sombre, et là se met en devoir de changer de vêtements, pour n'être pas reconnu à la sortie.

Cela s'appelle avoir le courage de ses convictions.

Quelques orateurs viennent dire ensuite, les uns qu'il faut voter, les autres qu'il ne faut pas voter.

Bref, on conclut en disant qu'on se conformera aux décisions du « Comité central, » décisions qui seront notifiées dans une réunion publique qui sera tenue le jeudi suivant.

Un citoyen vient dire qu'il a vu partir quatre-vingt mi-

trailleuses pour Versailles, et qu'il en a averti les commandants de la garde nationale de la Croix-Rousse qui lui ont
ri au nez.

« — Ce sont de fameux j... f..... » crie une voix.

On va se coucher sur ce mot-là. Il est dix heures.

Le papillon a disparu, brûlé certainement.

La mouche a disparu aussi, cachée probablement dans
la moustache du délégué parisien.

Le jeudi 27 avril, la réunion était plus nombreuse encore que de coutume. Tout le ban et l'arrière-ban de la
voyoucratie avaient été convoqués.

Nos amis, quelque peu inquiets du sort que nous pouvions courir dans ces réunions, où nous nous rendions
ordinairement seul, et, aussi, curieux d'assister à ce spectacle de dévergondage de bon sens et de français, voulurent nous y accompagner.

Lorsque nous arrivâmes, le vieux Rivière, l'acquitté
de l'affaire Arnaud, toujours incorrigible, était à la tribune.

Nous écoutions depuis quelques instants, quand nos
amis commencent à remuer un peu bruyamment. Tous les
yeux se tournent sur nous : « Voilà les réactionnaires! »
disent quelques-uns.

Un de nos amis nous dit qu'il commence à sentir des
démangeaisons dans les jambes.

C'est un fléau des réunions publiques auquel, nous,
nous sommes bien habitué, mais que nos amis n'étaient
pas tenus de connaître : les puces !!!

Pas de plaisir sans peine.

7.

Nous engageons nos *complices* à demeurer tranquilles pour écouter la péroraison de Rivière :

« —Oui, citoyens, la France est perdue si nous ne faisons pas la Révolution. Lyon est pourri, vous êtes tous pourris !... » (Oh ! oh !)

Des grognements se font entendre.

C'est le signal d'un tumulte homérique, qui dure un grand quart-d'heure.

Nous avons à nos côtés trois acquittés de l'affaire Arnaud, rien que trois, qui nous lancent des œillades expressives.

Le tumulte s'apaise. La salle, qui regorge de monde, ressemble à une boutasse boueuse en ébullition.

Un orateur succède à Rivière :

« — Citoyens, vous êtes des m.... de chien ! »

Cette fois, le tumulte prend des proportions épouvantables.

Les démangeaisons augmentent dans les jambes de nos amis.

On se remue tant, de tous côtés, que nécessairement cela produit des déménagements.

Les trois acquittés de l'affaire Arnaud, convaincus, en nous voyant nous gratter, que nous sommes des réactionnaires, nous font des yeux, des yeux...

Un troisième orateur s'empare de la parole :

« — Citoyens, avant peu nous aurons un grand mouvement. En Prusse, il y en a déjà...

Une voix : « — Des mouvements de troupes, oui !

L'ORATEUR :« Des mouvements révolutionnaires !

(Signe d'incrédulité dans l'auditoire.)

L'ORATEUR : « Oui, vous vous laissez *déchicoter* en détail ici à Lyon. Des membres du conseil municipal nous ont bien dit qu'ils étaient du côté de Paris. Mais, c'est pour se f.... de nous. Nous sommes des victimes tyrannisées. Nous n'avons pas de tête à mettre à notre tête.

« Si nous avions une tête à mettre à notre tête, nous en ferions tomber des têtes ! (Bravo !) Vous ne devez pas voter ; si vous votez, vous aurez des archevêques, des *cardinals*, des moines, des *cénotiques* (lisez cénobites), des jésuites, à votre tête, et *pis v'la* tout !

« Pas de vote ! Des coups de fusil ! »

(Tonnerre d'applaudissements.)

Le citoyen Lagagnié apparaît à la tribune :

« — Citoyens, j'ai gagné un rhume...

Une voix : « Où est-ce qu'il *l'a gagné ?* »

Cet affreux jeu de mots à l'adresse du citoyen Lagagnié suscite une nouvelle tempête.

« — A la porte les réactionnaires ! » crie-t-on de tous côtés.

Le citoyen Lagagnié parvient à se faire entendre :

« — Il faut que la démagogie force la réaction à baisser la tête. Il faut qu'elle la force à...

Une voix : « — Ne parlez pas de *forçats* ici !...

Explosion d'imprécations : « — A la porte ! à l'eau ! »

Le citoyen Lagagnié se retire.

Nos amis sont couverts de sueur. Leurs mains n'ont plus qu'une seule occupation... les puces... les puces...

Ils nous jettent des regards suppliants que nous feignons de ne pas comprendre.

Un orateur parle :

« — Oui, nous voilà ramenés au régime du scrutin, de la soupière. Qu'est-ce qu'il y pousse dans les soupières ?

Voix nombreuses : « — Des petites raves ! Des cheveux.

Nos amis en chœur : « — Des puces !

L'auditoire exaspéré : « — A la porte ! à l'eau ! à la lanterne, la réaction !

L'ORATEUR : « — Si vous étiez des hommes, vous en feriez des bombes de ces soupières à scrutin, pour faire sauter toute la réaction ! »

Nos amis n'y tenant plus, nous cédons à leurs instances, et nous sortons, après avoir appris qu'une autre réunion devait avoir lieu le samedi suivant, 29 avril.

C'était la veille de l'émeute.

Ce soir-là, la séance, qui devait s'ouvrir à huit heures, ne le fut que vers neuf heures.

Nous n'avions pas vu depuis longtemps autant de monde à la salle Valentino. On s'étouffait les uns contre les autres.

UN PREMIER ORATEUR : « — Citoyens, moi je suis d'avis de voter demain.

RIVIÈRE : « — Moi je suis d'avis qu'il ne faut pas voter.

LE PRÉOPINANT : « — Si vous ne votez pas, c'est le triomphe de la réaction.

RIVIÈRE : « — Si vous votez, c'est le triomphe de Versailles.

LE PRÉOPINANT : « — Votez, je vous en conjure.

RIVIÈRE : « — Ne votez pas. Ce sont les traîtres qui vous disent de voter. Ce que nous voulons , c'est l'extension de la guerre civile… (Tumulte).

LE PRÉSIDENT : « — Citoyens , Rivière se trompe en disant l'extension ; la langue lui a fourché , c'est l'*extinction* qu'il a voulu dire. »

Assez adroit, ce président, mais peu conciliant, écoutez!

LE PRÉSIDENT : « — On fait beaucoup plus de bruit ce soir que d'habitude. Nous savons que les mouchards de la réaction sont là qui nous surveillent. S'ils ont le courage de leur opinion, qu'ils viennent donc à la tribune…

Nous demandons la parole.

C'est le signal d'une tempête dont on ne peut se faire une idée.

Tous les yeux sont braqués sur nous. On nous bouscule. Nous recevons, par derrière, plusieurs coups de poing.

Nous faisons bonne contenance , ainsi que les quelques amis qui sont avec nous.

« —Voilà les mouchards! » crient quelques femmes dont les yeux nous dévorent.

Cela dure l'espace d'un quart d'heure.

Le silence une fois rétabli, le président reprend la parole :

« — Oui, que ceux qui viennent ici avec des opinions contraires montent à la tribune. *Nous avons quinze grammes de plomb à leur service.* »

Ces messieurs appellent cela la liberté de la parole.

Joli !

Nous nous tenons pour averti, et, tout en continuant à nous bien tenir, nous prenons nos notes.

La salle nous surveille.

Un orateur est à la tribune :

« — Ah ! tas de mouchards, vous *rigolez* de nous voir désunis comme ça, n'est-ce pas ? Eh *ben ! rigolez* bien, *rigolera* bien qui *rigolera* le dernier. »

Tonnerre d'applaudissements.

Le vieux Rivière revient à la tribune. Des voix assez nombreuses crient : « — Assez ! assez ! — Assez de cette vieille *balançoire* ! — A la porte le vieux prophète ! »

Rivière, rouge de colère, attend que le silence soit un peu rétabli, puis il commence :

« — J'ai le droit de parler, aussi bien que vous le droit, de siffler. Je suis un ami du peuple ; et ceux qui m'empêchent de parler sont des *maçons !*

Voix nombreuses : « — Et toi, tu n'es *ben* qu'un plâtrier !

Rivière : « — Vous ne comprenez rien. J'ai dit des maçons, c'est-à-dire des francs-maçons.

« — Ah ! »

L'auditoire a l'air de trouver la plaisanterie mauvaise.

Un de nos voisins profite du tumulte pour nous bousculer un peu. Nous nous retournons, au prix de mille efforts, pour distinguer ce libéral républicain et nous reconnaissons un des acquittés de l'affaire Arnaud.

« — Ne vous gênez pas ! faites comme chez vous ! »

Il nous répond par un grognement de dogue en colère.

Cependant, le président, armé d'un journal de Paris, *le Rappel*, se met en devoir de lire les dépêches de la Commune.

« — Silence. »

Le petit groupe de jeunes gens de la porte :

« — Ah ! voilà la lettre de Paris ! »

Nous transcrivons ici quelques-unes de ces dépêches qui sont de véritables chefs-d'œuvre :

« Les Versaillais se fusillent entre eux. Hier, deux régiments de ligne se sont hâchés...

« Nous avons ouvert hier le feu du fort d'Issy contre les Versaillais. Nous leur avons fait subir des pertes énormes. Quant à nous, nous n'avons eu *ni tués*, *ni blessés*.

« Après l'affaire, nous avons fait une quête pour les blessés. »

Voix diverses : « — Mais on vient de dire qu'il n'y en avait pas, de blessés !

LE PRÉSIDENT : « — C'est pour les blessés à venir ! »

Un fou rire s'empare de nos amis à cette ouverture.

Explosion d'imprécations autour de nous : « — A la lanterne ! Enlevez-les ! »

L'acquitté de l'affaire Arnaud grogne, grogne... Un vrai soufflet de forge que cet homme-là !

Nous rions toujours. Le président, furieux, continue sa lecture :

« ... Cette quête a produit 78 fr. 95 cent. »

Et l'auditoire d'applaudir frénétiquement.

Le président lit ensuite un article du même *Rappel* où il est raconté l'accord fait entre la franc-maçonnerie et la Commune de Paris.

Après cela, nous voyons tout à coup surgir de dessous le bureau le jeune délégué de Paris et sa moustache.

Le Président : « — Citoyens, voici le délégué de Paris, le citoyen Dumont. Il va vous parler.

Le délégué : « — Citoyens, le moment des paroles est passé. C'est le tour des actes.

« Si demain, au lieu de déposer vos bulletins dans l'urne, vous n'en faites pas des bourres à fusil, vous êtes des lâches !

« Je ne puis pas vous expliquer ici tout ce qui va se faire. Je ne vous dis que ceci : *Veillez ! veillez !* »

Le délégué insiste sur ce mot pour faire comprendre à l'auditoire que le coup de main est préparé pour la nuit.

Le président donne encore à ces paroles une portée plus significative en ajoutant :

« — Citoyens, nous n'aurons plus de réunions ; maintenant c'est *autre chose* que nous aurons.

« Au revoir ! »

On se sépare là-dessus.

Il est dix heures et demie.

Le mot d'ordre était donné.

Pendant la nuit, l'affiche suivante est placardée dans tous les quartiers de Lyon :

Citoyens,

L'heure est venue ! La cité lyonnaise, la première qui, le 4 septembre, ait revendiqué ses droits à la Commune, ne peut plus longtemps laisser égorger sa sœur, l'héroïque cité de Paris.

Les traîtres de Versailles ont dépassé leur mandat : après avoir accepté pour la France, sans discussion, toutes les conditions faites par l'ennemi, ils veulent encore s'imposer à nous comme gouvernement constituant, servant d'échelon à une royauté.

La population lyonnaise a voulu voir jusqu'où irait leur audace, mais sa patience est à bout, et elle ne peut souffrir plus longtemps qu'une Assemblée factieuse agite en France le drapeau de la guerre civile.

Les élections municipales étaient le dernier coup porté à la République, ce sera le signal de la chute de nos oppresseurs.

Les révolutionnaires lyonnais, tous d'accord, se sont assemblés et ont nommé une Commune provisoire, ayant les pouvoirs les plus étendus.

Cette Commune, sans se faire connaître, a préparé la révolution qui s'accomplit aujourd'hui et restera dépositaire de tous les pouvoirs jusqu'à ce que, dans un bref délai, des élections logiques et opportunes soient faites.

La situation actuelle est difficile, citoyens, et nous comptons sur votre concours énergique; mais les membres qui composent la Commune provisoire sont résolus à employer tous les éléments de succès qui sont en leur pouvoir, et ils sont surtout résolus, plutôt que de se voir ravir la victoire, à ne faire qu'un monceau de ruines d'une ville assez lâche pour laisser assassiner Paris et la République.

Vive la République démocratique, sociale et universelle !

Enfin, le dimanche matin, 30 avril, à l'aube, le tocsin est sonné dans quelques églises de la Croix-Rousse et de la Guillotière.

Les électeurs qui se présentent, pour voter à la mairie de ce dernier quartier, la trouvent occupée par une bande d'individus à figure ignoble :

« — Que voulez-vous ?

« — Nous venons voter.

« — Allez chercher vos fusils ; c'est le seul bulletin de vote aujourd'hui. »

Le bruit de cet incident commençait à se répandre dans

la ville. On allait voir la mairie de la Guillotière, en se promenant, par curiosité.

Au balcon, flottait un fanion ROUGE sur lequel se détachait un lion de couleur blanche.

La foule s'amassait de plus en plus. Quelques compagnies de la garde nationale de la Guillotière, rangées sur la place, criaient : *Vive la Commune !*

La situation se prolongea ainsi jusque vers quatre heures de l'après-midi. A ce moment, on entend un coup de canon partant du fort Sainte-Foy.

Vive allégresse manifestée par les hommes du balcon de la Guillotière. « Le fort est à nous! » crient-ils.

Second coup de canon. Stupéfaction et silence profond.

Troisième coup de canon. Désappointement général des insurgés. Un grand nombre comprennent que ce n'est pas ce que l'on croyait tout d'abord.

En effet, c'était le signal convenu entre le général Crouzat et les troupes des forts pour marcher contre les insurgés.

Vers quatre heures et demie, des vedettes de cavalerie apparaissent sur le pont de la Guillotière. Arrivées sur le cours de Brosses, elles essuient un coup de feu parti d'une fenêtre, heureusement sans les atteindre.

Elles n'y répondent pas.

Le 38e régiment de ligne débouche par le cours Bourbon.

Les hommes s'avancent jusqu'à la mairie en bon ordre. Arrivée sur la place du Pont, l'avant-garde, commandée par un lieutenant et précédant le régiment d'une centaine de mètres, se voit pressée par une masse compacte d'individus. Le lieutenant, qui marchait en tête, est violemment séparé de sa compagnie par une troupe de femmes et d'enfants sur lesquels il était difficile de faire feu.

Le colonel du 38e fait dégager la compagnie et ramener le lieutenant.

Le général Crouzat arrive sur le cours de Brosses avec le 16e chasseurs.

M. le préfet Valentin, ceint de l'écharpe tricolore, est à ses côtés.

M. Valentin fait signe qu'il veut parler.

A ce moment, plusieurs coups de feu partent. Une balle atteint M. Valentin au mollet.

M. Andrieux, procureur de la République, s'avance à son tour devant les insurgés.

On lui tire dessus; une balle effleure son épaule.

Alors se fait une charge de cavalerie contre les agresseurs. M. Andrieux se trouve sous les pieds des chevaux, pris entre deux feux. Il a le bonheur de pouvoir échapper à ce double danger.

Le signal est donné et la fusillade commence.

La mairie est enlevée par quelques chasseurs à pied.

Les gendarmes l'occupent aussitôt.

Les insurgés ont déjà construit deux barricades, l'une à l'entrée de la Grande-Rue de la Guillotière et l'autre à l'entrée du cours de Brosses.

Les coups de fusil pleuvent des fenêtres et des barricades sur la troupe.

La nuit arrive ..

Nous nous souviendrons longtemps de cette nuit-là.

C'était terrible et émouvant.

Le crépitement de la fusillade, le crachement des mitrailleuses, de temps en temps le grondement du canon, la foule énorme amassée sur les quais et prêtant une oreille anxieuse, les voitures d'ambulance roulant sur le pavé, l'attitude morne et sévère des soldats campés l'arme au bras vers la tête du pont de la Guillotière, tout cela formait un ensemble saisissant.

Le contraste avec la physionomie de l'intérieur de la ville était peut-être plus saisissant encore.

Les cafés étaient pleins de consommateurs devisant entre eux, les rues étaient inondées de promeneurs, de femmes avec des bouquets, les théâtres étaient ouverts et remplis de spectateurs.

Si l'on n'eut pas entendu le bruit lointain de la fusillade, on n'aurait pas pu croire que Lyon avait sa journée de guerre civile.

Vers dix heures du soir, nous allâmes faire une tournée à la Guillotière.

Là, c'était triste.

Sur le cours Bourbon, à l'angle de la rue de la Part-Dieu, quelques gardes nationaux éteignaient les becs de gaz et s'occupaient d'élever une petite barricade.

A mesure que nous nous enfoncions dans la Guillotière, l'aspect devenait plus sombre.

Tout à coup nous tombons sur une barricade.

Jamais nous n'avions assisté à pareil spectacle.

Ces insurgés étaient réellement atteints de démence.

Nous nous couchâmes à plat ventre. Les balles sifflaient au-dessus de notre tête.

Eux étaient là, derrière les fentes des pierres, visant et tirant sans mot dire.

De temps à autre, un blasphème. Soudain deux hommes tombent à nos côtés, en poussant une dernière imprécation : ils étaient tués raides !

C'était hideux à voir.

Trois femmes allaient et venaient, les cheveux au vent, les mains tachées de sang, apportant des pierres, des cartouches. Ces figures étaient atroces.

On apporte un brancard et on emporte les deux cadavres.

N'y pouvant plus tenir, nous suivons le convoi. Dans la rue Moncey les balles sifflaient presque sans interruption.

A la Croix-Rousse, l'aspect était tout autre.

Jusqu'à deux heures du matin une foule énorme de gardes nationaux en armes restèrent sur le boulevard.

« — Il faut aller au secours de nos frères de la Guillotière !» disaient quelques-uns.

« — Que ferons-nous en y allant? répondait le plus grand nombre. Pendant que nous serons là-bas, on occupera la Croix-Rousse et nous serons volés ! »

Un agent de l'*Internationale* s'approche d'un groupe :

« — Allons, citoyens, il faut descendre. La troupe n'attend que vous pour vous livrer ses armes !

« — Ta, ta ! riposte un capitaine. *Des navets !* Ils nous tireront dessus, et puis voilà tout. Allons nous coucher ! »

Les deux délégués parisiens, qui avaient promis de se

trouver sur les barricades, sont à la Croix-Rousse pendant
que l'on se bat à la Guillotière, et tâchent de remuer les
groupes [1]. Peine perdue !

Lorsque nous rentrâmes, vers quatre heures du matin,
brisé de fatigue et d'émotion, on entendait dans le lointain
quelques coups de fusil isolés.

C'était l'agonie de l'insurrection.

Quand Lyon se réveilla, le lundi, tout était terminé !

Pendant la journée, la foule se rendit en masse sur le
théâtre de l'émeute. Il faisait un soleil magnifique.

Les soldats bivouaquaient sur le lieu de la lutte.

On voyait çà et là, des lanciers, des lignards, couchés
sur des bottes de paille.

Ici, quelques soldats avaient allumé du feu entre quelques pavés et faisaient bouillir du café. Des gavroches,
les mêmes peut-être qui, la veille, travaillaient aux barricades, apportaient du bois aux soldats pour entretenir le
feu.

Là, des artilleurs, assis sur les affûts des mitrailleuses
et des canons, fumaient leur pipe en causant avec le
bourgeois, qui venait de leur offrir un paquet de tabac.

On se montrait les éraflures des balles sur les murs ;
les débris des barricades. On riait !... On devisait !...

Quel peuple indifférent nous sommes devenus !

---

1 Ces deux délégués furent arrêtés à minuit et demi, dans une brasserie
de la rue Puits-Gaillot, sur l'ordre du procureur de la République, par
un détachement de gardes nationaux.

Lorsque ces individus se virent enveloppés à la table où ils buvaient,
ils devinrent blêmes et se déclarèrent représentants *parlementaires* de
Paris.

On allait encore à l'Hôtel-Dieu visiter les cadavres des insurgés qui y avaient été transportés au nombre de dix-sept.

La rangée de ces cadavres commençait par deux femmes, dont l'une, une vieille à figure hideuse, avait encore, dans ses mains crispées, de la terre, de la terre des barricades.

Quelques blessures étaient horribles : il y avait des ventres ouverts, des trainées de sang sur la figure.

Cependant, le désarmement des bataillons de la garde nationale de la Guillotière avait été prononcé : il s'exécuta sans incident, avec empressement même.

La plupart des fusils étaient apportés par les femmes des gardes nationaux, qui les montraient triomphalement.

« — C'est le fusil de votre mari, que vous apportez-là, Madame ? demanda un bourgeois.

« — Oui, Monsieur, et que c'est pas trop tôt, allez ! Au moins, comme ça, il n'aura plus l'occasion de se saoûler si souvent ! »

Pourquoi donc ne désarma-t-on pas aussi les bataillons de la Croix-Rousse ?

S'ils ne s'étaient pas mêlés à l'émeute, c'est que le courage leur avait manqué.

Ils avaient élevé des barricades, qui furent démolies par eux-mêmes, le lendemain, il est vrai, — mais leurs sympathies pour l'insurrection avaient été assez évidentes.

Toujours des demi-mesures !

Bref, ainsi se termina l'insurrection du 30 avril.

Presque tous les insurgés tués à la Guillotière étaient

dans un état de dégoûtante ivresse. Quelques-uns, amenés
à l'Hôtel-Dieu, avant de rendre le dernier soupir, vomis-
saient du vin et des liqueurs alcooliques.

' La plupart d'entre eux n'eurent pas même le courage
de mourir avec fermeté.

Au moment où les officiers de l'armée entrèrent dans
la mairie de la Guillotière, le sabre au poing, c'était à qui
se cacherait sous les tables ou dans les placards.

Ne nous tuez pas ! criaient ces héros.

En regard de ces faits, il est consolant de pouvoir placer
des actes de vrai courage.

M. le préfet Valentin, M. Andrieux, procureur de la
République et d'autres, montrèrent, comme on l'a vu, une
énergie et une valeur au-dessus de tout éloge.

Il y eut encore d'autres traits d'héroïsme.

Au moment où le 38e de ligne s'avançait vers la mairie
de la Guillotière, un homme aux formes athlétiques vient
au-devant des soldats et découvrant sa poitrine : « Oserez-
vous tirer, s'écrie-t-il, sur vos frères ? »

Les soldats se regardent interdits. Il leur répugne, cela
se comprend, de tirer à bout portant, sur un homme désarmé. A ce moment, un jeune officier du 38e s'élance sur
l'individu, le terrasse, et commande le feu.

La situation était sauvée.

Un capitaine de gendarmerie aperçoit un des insurgés
les plus dangereux, qui, pour échapper aux balles, se
réfugie dans une sorte de *caboulot* dont la porte se referme
sur lui.

Le capitaine de gendarmerie n'hésite pas.

Le revolver au poing, il s'avance au milieu de la fusillade des insurgés et de la ligne, se dirige vers le cabaret, enfonce la porte, et ramène l'insurgé fuyard.

Nous ne pouvons pas oublier l'aumônier de l'armée de Lyon, M. l'abbé Faivre, qui, quoique couvert d'années, était, le 30 avril, à son poste d'honneur, ainsi qu'un vénérable curé de Lyon, dont le nom est resté caché, et qui alla derrière les barricades relever les insurgés blessés ou essayer de faire entrer dans l'âme des mourants un rayon de repentir.

Tous ces actes d'héroïsme firent ressortir davantage la conduite, au moins équivoque, de M. Bourras, général de la garde nationale, qui resta invisible dans cette affaire, et de M. Hénon, qui, le lendemain de l'émeute, avait le front de dire, dans une proclamation :

« Ces agitations ne sont provoquées que par nos ennemis, dans un but de *restauration monarchique.* »

C'est encore là une phrase, qui, avec celle du « fier drapeau, » restera dans les souvenirs de Lyon, accolée à la mémoire de cette triste journée du 30 avril, qu'avec un peu moins d'indécision on eût peut-être pu éviter, en étouffant l'émeute à son début.

XI

LE DRAPEAU ROUGE

Curieuse coïncidence !

C'est le 4 septembre 1870, au matin, que le drapeau rouge fut arboré sur le dôme de l'Hôtel de Ville.

C'est le matin du 4 mars 1871 qu'il en descendit.

Six mois, jour pour jour !

Pendant ces six mois, Lyon subit une longue tyrannie qui, pour être déguisée sous le nom de République, n'en était pas moins une prolongation véritable de l'Empire :

Tyrannie de la conscience,

Tyrannie de la probité,

Tyrannie de la fortune,

Tyrannie de la religion,

Tyrannie de l'ordre,

Tyrannie de la loi.

Nous ne voulons pas nous livrer ici à une dissertation puérile sur une question de couleur : fidèle au programme que nous nous sommes tracé en tête de ce volume, nous ne parlons que sur des faits.

C'est au signal du drapeau rouge que la République, République de désordre, a été proclamée à Lyon ; c'est précédés du drapeau rouge, que Saigne et Cluseret ont tenté la manifestation du 28 septembre ; c'est à l'ombre du drapeau rouge que le commandant Arnaud a été assassiné ; c'est en arborant le drapeau rouge que les émeutiers du 22 mars et du 30 avril ont proclamé la Commune !

Et, pour aller plus loin, c'est le drapeau rouge qui a été le signal des insurrections de Paris, de Toulouse, de Marseille, de toutes les insurrections qui se sont produites depuis le 4 septembre.

C'est encore à l'ombre du drapeau rouge que les assassins de Paris ont fusillé des généraux, un archevêque, des prêtres, des femmes, des vieillards, des enfants et qu'ils ont incendié la capitale.

Le drapeau rouge a toujours été et sera toujours un signal de désordre : c'est l'étendard du sang, c'est le fanion du crime et de l'insurrection.

On le répéta, sous toutes les formes, à nos administrateurs lyonnais.

Qui donc aujourd'hui oserait soutenir le contraire ?

Depuis le 4 septembre, début de la République, tout ce qu'il y avait d'honnête à Lyon s'indignait de voir flotter, au sommet de notre Maison de ville, cette hideuse loque rouge ; les soldats s'étonnaient, en passant par Lyon, devant ce trophée boueux qui ne ressemblait en rien au drapeau sous les plis duquel ils allaient verser leur sang.

Rien ne put ébranler l'entêtement des hommes de l'Hôtel de Ville du drapeau rouge. C'était, pour eux, une sorte de garantie des actes arbitraires dont ils gratifiaient chaque jour notre cité.

A l'Assemblée nationale l'honneur de nous avoir délivrés du « torchon radieux. »

Il en coûta à nos édiles de se sevrer de leur compagnon rouge d'aventures. Le cœur leur saigna lorsqu'il fallut s'en séparer. Ce dut être un déchirement semblable à celui qu'éprouve une mère qui se sépare de son enfant.

Forcés de nettoyer le dôme de la préfecture, ils ne purent s'acquitter de cette besogne, sans laisser à l'histoire de Lyon une parole qui restera dans les souvenirs plus longtemps que ses auteurs ne demeureront aux postes qu'ils occupaient naguère ou qu'ils occupent encore.

Le 3 mars, au soir, on lisait sur les murs de la ville :

« Le *fier drapeau* de la patrie en danger et de la résistance à outrance ne survivra pas à l'humiliation de la France. Le drapeau rouge de la commune de Lyon cessera de flotter sur l'Hôtel de Ville, etc. »

Le « fier drapeau!!! »

Quel exemple, ô mon Dieu, de la décrépitude et de l'abaissement dans lesquels vous laissez tomber ceux qui, superbes et ignorants, — ignorants parce qu'ils sont superbes, — proclament si crânement : « Il n'y a pas de Dieu ! »

Nous comprenons cette punition de l'orgueil p r la sottise ; mais eux, eux, les punis, la comprennent-ils ?

Oh ! quand donc, laissant de côté toutes ces questions malheureuses de drapeau, de couleurs, se ralliera-t-on franchement et humblement à l'étendard sauveur, à l'étendard qui unit au lieu de diviser, qui inspire l'amour au lieu de souffler la haine : à l'étendard de la Croix !

Juin 1871.

FIN

TABLE DES CHAPITRES

Lettre de M. A. de Pontmartin. v

L'auteur au lecteur. xi

I. Le 4 septembre 1870. 13

II. Les arrestations. 20

III. La chasse au Jésuite 23

IV. Quelques faits. 29

V. L'enseignement congréganiste et l'enseignement municipal. 34

VI. Réunions publiques et émeutes. 45

    I. La journée du 28 septembre. 46

    II. L'affaire Arnaud 58

    III. Le prologue des élections du 8 février. . . . 75

VII. Le Comité de salut public et le Conseil municipal. . 81

VIII. Nos illustres . . . . . , ... 88

IX. Un *Post-Scriptum* de quarante-huit heures. . . . 97

X. Le 30 avril à la Guillotière. 108

XI. Le Drapeau rouge 138

FIN DE LA TABLE

LYON. — IMPRIMERIE PITRAT AÎNÉ, RUE GENTIL, 4.

www.ingramcontent.com/pod-product-compliance
Lightning Source LLC
Chambersburg PA
CBHW071809090426
42737CB00012B/2016